生命的善行

托尔斯泰陪你
走过春夏秋冬

（俄罗斯）列夫 · 尼古拉耶维奇 · 托尔斯泰 著

冯永　李俊杰　译

中国华侨出版社

北京

图书在版编目（CIP）数据

生命的善行：托尔斯泰陪你走过春夏秋冬 /（俄罗斯）列夫·尼古拉耶维奇·托尔斯泰著；冯永，李俊杰译. —北京：中国华侨出版社，2017.12

ISBN 978-7-5113-7192-8

Ⅰ.①生… Ⅱ.①列… ②冯… ③李… Ⅲ.①哲学—俄罗斯—近代—文集 ②宗教—俄罗斯—近代—文集 Ⅳ.①B512.59-53 ②B920-53

中国版本图书馆 CIP 数据核字（2017）第 270926 号

生命的善行：托尔斯泰陪你走过春夏秋冬

著　　者 /（俄罗斯）列夫·尼古拉耶维奇·托尔斯泰
译　　者 / 冯　永　李俊杰
策划编辑 / 周耿茜
责任编辑 / 高文喆　王　委
责任校对 / 王京燕
封面设计 / 一个人·设计
经　　销 / 新华书店
开　　本 / 880 毫米 ×1230 毫米　1/32　印张 /30　字数 /779 千字
印　　刷 / 三河市华润印刷有限公司
版　　次 / 2019 年 7 月第 1 版　2019 年 7 月第 1 次印刷
书　　号 / ISBN 978-7-5113-7192-8
定　　价 / 120.00 元（全四册）

中国华侨出版社　北京市朝阳区静安里 26 号通成达大厦 3 层　邮编：100028
法律顾问：陈鹰律师事务所
编辑部：（010）64443056　64443979
发行部：（010）64443051　传真：（010）64439708
网　址：www.oveaschin.com
E-mail：oveaschin@sina.com

列夫·尼古拉耶维奇·托尔斯泰

序

　　汇聚在这里的思想，都来源于很多经典或思想性的文章，像末尾都会把出处附上。

　　可是其中有我觉得不需要把出处附上的，也有作者不太清楚的，当然也有我自己写的。

　　此外，我都将作者的名字或书名附上了。其中也有我觉得很遗憾的，因为有些话我转记到这里时已经不记得它出自哪里了。

　　很多语句并不是来自原文的翻译，而是来自另一种语言的译文，所以这些作者的话就和原始的说法有点出入。此外，还有一些话则由于其他原因和原始说法有点出入，也就是说在长期的思考过程中，我经常在挑选的同时又在思想上进行分类。为了保证印象的准确化和一致化，我曾经删除了某些话或命题，或偶尔改过某些话。

对于不太准确的翻译，有些尽管来自某篇文章或某本书籍，可是却没有把出处详细标明的话，还请读者原谅。我所翻译的部分，很期待读者可以找到机会看到原文或更加准确的翻译。可更关键的是，我之所以编纂本书，并不是想要在语言翻译上完全忠于原著，我只是想通过作者们杰出的思想，通过每日的阅读唤醒读者内心深处美妙的情感和思想。

我希望读者通过每天对本书的阅读，可以体会到我在编纂过程中所感受到的，还有以后每次温故时都会感受到的尊贵情感。

列夫·托尔斯泰

于耶斯那·波里雅那

目录

二月

三月

一月

生 命 的 善 行

——托尔斯泰陪你走过春夏秋冬——

阅读观
一月一日

知识重质不重量，我们宁肯获取数量不多却经过精挑细选的好内容，也不要学那些一知半解的所谓学问。

通过选择而编辑起来的小小知识库，事实上就是一座内涵丰盛的宝藏，通过它，我们能与距今千百年的世界各地的智慧名人进行交流，宝藏为我们展现的，就是这些人所有的科研成果以及智慧结晶！这些人可能从不在他人面前出现，或者难以靠近；他们可能保持独立，不想受到外界的干扰；他们可能生活的社会条件以及生活习惯都与我们相差悬殊；甚至，这些人的思想连自己的亲朋好友都不得而知。可却在这里，为并不生活在同一世纪、素不相识的我们全部表达出来了。书籍是我们一生当中，所赐予内心的隆重恩赏。

爱默生

我们必须要成为反刍动物，因为所有的知识并不是装进大脑就可以了；如果我们不将学到的知识进行反刍，那么这些知识就没办法为我们提供能量与养分。

洛克

一定要牢记，千万不能因为读了太多作家的不同书籍而令大脑混乱不堪。如果想要获取某些对自己有用的知识，那只有通过阅读富有智慧者所写出来的书籍，才能让大脑得到滋养。一味大量阅读或者不管什么书都看，对大脑没有一点儿好处。所以，最好只阅读得到公认的好书。假使有时兴起，想要读一读其他类别的书，也应该在读过之后继续回归原来的阅读范围，千万不要乐不思蜀。

塞内加

不要错过读好书的时机！

梭罗

只有在自己的想法枯竭时，进行阅读才是最有效的，而这种想法枯竭的现象，哪怕是最有才华的人也时有发生。不过，也有人因为阅读而让自己刚萌芽的想法快速陨灭，这对人的精神来说是一种罪过。

叔本华

在现实生活中，不管你朝哪个方向行走，都有可能遇到无药可救的粗俗人群。他们如同夏日飞翔的苍蝇，存在于各个地方，使所有的东西都被污染。同样，世界上有太多不好的书籍，有占据文学殿堂地盘的稗草影响着良种的生长。这样的书会在人们那里偷取大量本该用来做重要、神圣事情的时间、财力、精力。

不好的书不仅没有意义，还对思想产生危害。很多大量问世的文学书籍，不就是为了可以从阅读者的口袋里压榨多余的金钱而被刊印发行的吗？因此，作家、出版商、印刷社总是一起挖空心思去让书籍的销售量不断增加。

当然，我们必须承认，那些为了愚蠢的读者写作的文人，总是拥有很多拥护者。但是，人们在自己短短的人生当中，与各朝代各国家的那些智慧、才能突出的艺术家、圣贤者相交往才是毋庸置疑的真理，因为只有这种人写出的东西，才具有教化精神的能量。

通常来说，不好的书更容易让人很快读完，但它是让人的大脑产生不会思考的毒药。

粗俗的人群固执地不去品读历代流传下来的好书，却只一味阅读时代推出的最新产物。现在的文人，事实上就是不断地在自己狭隘的认知中反复转圈，他们所做的，就是不断重复一件事。如此，我们的世界便深陷自我营造的泥沼不能自拔。

叔本华

肉体与精神上的毒素并不相同：产生于肉体的毒素，大多都会散发让人不适的味道，但那些发表于报端、不好书籍中的毒素，却总表现得迷人不已，而越迷人的东西，常常越是邪恶。

人生不能失去信仰

一月二日

科学家觉得人生不需要拥有信仰，这是最为愚昧的迷信之一。

不管是哪个时代的人，都渴望明白自己来到这个世界的理由以及最终结果，或者至少明白要如何经营人生。宗教本身正是对人们这一渴望的满足，它将所有人存在的最终法则告诉人们，将所有相同来源、相同人生、相同目标的人群结合在一起，让大家亲如一家。

约瑟夫·马志尼

宗教的真实内涵是指我们的精神以及围绕我们无边境遇所产生的一种关系，就是将我们的人生与这些无边境遇进行结合，并以此指引我们行为的一种关系。

所有宗教的真实内涵都是为了回答这些问题："我们为什么活着""我所生存的世界与我之间是什么关系"。不管是什么宗教，无论是最高级的还是最低俗的，其底层的基础无不是为了世界与人类或者"人存在的首要根源"建立关系。

虽然信仰表面总包含有来自政治的利己行为，对人类前进产生严重影响。但真实的宗教对人类的教化是非常高尚的，它是文化得以形成的巨大力量。宗教本身带有一定的"永恒性"以及"神圣感"，可以随时让人内心充实——只要人们内心拥有感触。在我们的逻辑中，也可以推断出真正宗教的伟大基础都是相同的，从《创世记》开始直到如今，人们所接受的教义完全相同。

所有信仰的内在本质是相同的，都流淌着一个永恒的真理。

海弗格尔

宗教的建立来自神的旨意——也就是人类必须全部遵守的法则——而不是关于神所要传达的其他特别思想（如果是这样，那就要改称为神学了）。

康德

失去了信仰的人类与动物是没有什么区别的。

生命的目标

一月三日

我们每个人，都拥有一份必须要完成的任务。虽然我们并不了解所有的目标是什么，可我们却不能忽略自己应该去完成的那个目标。

即便没有让大火燃烧得更加旺盛的能力，但至少不能让它变得黯淡下去。

对全部理性法则有所了解的人不如真正喜爱这一法则的人，而喜爱这一法则的人不如正在实行它的人。

（这句话的原文出自《论语》："知之者不如好之者，好之者不如乐之者。"）

中国金言

我很苦，我迫切希望得到神的帮助。但是，我要做的应该是奉献于神而不是让神为我奉献。你只要用很短的时间去想一想，那么痛苦也就会慢慢消失了。

天与地的距离并不是远到不可相交。所以，假如我们对地上这个神所赐予的家有所轻视，将它看成是充满罪恶、自私、残暴的地方，那就会对神产生不可饶恕的亵渎。大地不是让我们用来赎罪的，它只供我们生活居住。在大地上，我们必须要为真理与正义而努力前仆后继——这个理想其实就深藏于每个人的内心深处。

约瑟夫·马志尼

我们总是希望有朝一日可以变成天使，或者幻想曾经的自己就是软体动物，但是，我们最好把这样的想法全都抛开，最重要的是认真实在地去将自己的事做好。

罗斯金

假如我们将生命的目标只看成个人最终的幸福，那人生将变得失去意义，甚至让人无法忍受！相反，假如我们看清人生的传统、理智、内心，或者说，我们只有真正认知上天所赋予我们的真正任务，我们的生命才会得到真正永恒的快乐——这不是一种状态而是过程中的体会。

世界的团结

一月四日

不管我们是否愿意，我们都可以感受到，自己与世界是相结合而存在的。是的，我们的想法、行为、知识，特别是生存的地理环境的一致性以及每个人与世界的关系的一致性，都把我们团结成一个整体了。

坦荡善良的人会成全别人而不是与别人相互猜疑；相反，自私自利的人则总希望大家敌对，相互伤害。

（这句话的原文："君子成人之美，不成人之恶，小人反是。"）

中国谚语

所有人都有自己的负担与不足，谁也不可能不需要他人的帮助而独立存在。因此，我们要依赖那些抚慰的语言、忠告以及提示进行相互间的帮扶。

我们生活的世界已经让一千人共同努力所产生的东西远远超过一千人分别独立生产而取得的成绩。不过，这并不代表着一个人可以高高在上，其他九百九十九个人则必须成为奴隶。

亨利·乔治

善良的人是邪恶之人的老师，邪恶之人是善良之人的借鉴。假如邪恶者不尊重善良之人，善良之人不重视邪恶者，就算拥有智慧，最终还是一个糊涂的人。

（这句话的原文："善人者，不善人之师；不善人者，善人之资。不贵其师，不爱其资，虽智大迷。"）

老子

我们身为亚当的后代，可以说是来自一个身体上的不同部分，在身体的一个部分产生不适时，身体其他的部分也会随之不适。因此，如果你对他人的痛苦视而不见，那你就算不上真正的人了。

萨迪

每个人的生活都应该与整个人类社会的生活紧紧地结合在一起，因为所有的创作都是在和谐与团结的基础上产生。无论是在外界环境还是在心灵中所有生活的现象都是紧密关联的。

马可·奥勒留

从人类有历史记录的时代开始，世界历史无不是人们不断朝向团结而发展的过程。这种团结是通过各种不同的方法得以实现的。所以，不只是为了团结而努力的人，哪怕是那些走在团结相背方向的人，事实上也为这团结贡献了一份力量。

语言的伤害

一月五日

在一个挤满人的建筑中，如果有人突然大叫一声："着火了！"为了逃命，大家会在顷刻间乱成一团，后果就是将不知有多少人在混乱中受到伤害。

语言所形成的危害明显与此相类似，但我们用语言伤害他人时往往却是看不到的，只是其后果造成的危害相同而已。

刀枪造成的伤害可医，而语言造成的伤害却无法医治。

波斯谚语

听别人对他人进行诽谤时，不要也加入毁谤的行列中。

在受到他人恭维时，不要产生特别的感受。

不对别人的错误进行宣传，但应该将别人的善行进行传播。

当你总是如此约束自己并习以为常的时候，你再听说对他人的恶劣评价时，这些话就会变得仿佛是针对你一样而让你全身不适；假如你挑拨他人之间的关系，这种挑拨的话就会像鞭子打在你自己身上一样让你疼痛难忍。相反，当看到或者听到他人所带来的善行时，你就会感觉到快乐不已，如同自己的所言所行一般对待。

东方金言

对他人之间的争吵，只要听着就可以了，千万不要加入。不管多小的事情，都应该避免加入怒气与兴奋。怒气是种错误的行为，特别是对重要的事情。因为处于怒气中的人往往头脑不清，从而自乱方寸。

果戈理

千万不要让自己变成破坏人类和谐的人，注意不要因为自己的语言而使他人产生相互对立的抵触情绪。

远离欲望

一月六日

我们必须要致力于做善事，但更要致力于不做恶事、不放纵自己的欲望。

想要成就道德的最高水准，再没有比自我抑制更管用的方法了；而自我抑制的能力，是从小开始培养的习惯；从小养成自我抑制的习惯就需要不断做善事；注重做善事，则会达到攻无不克的能力。

（这句话的原文："治人，事天，莫若啬。夫唯啬，是以早服；早服谓之重积德；重积德则无不克。"）

老子

所有可以让人产生迷惑的事物，所有被人们热烈追求的事物，很少让人真正感觉到幸福。在人们对自己所向往的事物进行追求并沉迷时，他是会将此过程看成幸福的。但不管一个人最终在这件事物中是不是得到满足，他都会很快又为了另一件自己未曾拥有过的事物而迷恋、追求甚至是用尽心力。显然，这些感受就来自对事物并不满足的低级欲望，而它并不能让人的内心获得解放，与此相反，只有将这种低级的欲望丢掉，人的内心才能得到真正的安宁。

假如你愿意去验证一下我的话，就可以将自己追求那些低级欲望而花费的精力减少一半，并用它们来远离低级欲望。当你开始这样做时，很快你就会从这种远离中得到越来越多的安详与美好。

爱比克泰德

通过了磨炼的人将会得到恩赐。神对所有人进行磨炼：将一部分人放于财富中，还有一部分人被放进贫穷——拥有财富的人会不会对贫穷的人产生怜悯并不惜赠予？贫穷的人又是不是在自己已有的现状中委曲求全？

《塔木德》

不管对待野马还是战马，最终可以克制自己的脾气、保持理性的人才是真正可以信赖的驾驭者。

佛典

当你在为一些莫须有的可恶事件而愤怒不已时，你需要马上回避这样的自己，千万不要因此失去自我控制的能力。假如我们可以经常锻炼自己通过毅力来使得情绪保持平静，那么获得平静的能力就会越来越强大。

马可·奥勒留

即便不断经受克制欲望的挫折，也不可以放弃。在与欲望相对峙的过程中，欲望的渴望会慢慢得到削减，而对于欲望的克制也会越来越驾轻就熟。

善良

一月七日

　　做人一定要心存善念。如果你对他人不善良，那你就未履行做人的主要责任。

　　要尊重每一个人，不论他是何等的卑微与可笑。要记住活在每个人身上的是和你我相同的性灵。甚至如果他的灵魂与肉体都是丑陋的，也要想："是的，世界上也应该有这样丑陋的人，要容忍他们。"如果我们对这些丑陋的人感到极其厌恶，那么，首先我们是不公正的，其次是不惜生命地向这些人发起了战争。这些人无法改造自己，他们能做什么呢？只能和我们搏斗，和不共戴天的敌人搏斗。要知道实际上我们是想友好地对待他，如果他能改变自己。而他又改变不了自己。所以要友善地对待每一个人，无论他是什么样的人，我们都不应要求他成为另一种人，去做他做不到的事情。

叔本华

　　对那些无法抵抗诱惑的人不可以冷酷相待，你一定要尽量抚慰他，就好像自己曾经无限渴望得到他人的安抚一样。

虔诚的思想

今日事今日毕。

自己可以做好的尽力不要求助别人。

自尊相比日常生活中的一切都更加贵重。

我们总是为一些以为会发生，但实际上却并没有发生的事而自寻烦恼。

在生气时，不要急于表态或者做结论，先在心中默数一、二、三……十！假如这样还是气愤不已，那就继续数到一百！数到一百还生气，就再数到一千！

杰佛逊

不能小看任何一个人。当那些对他人不耻、恶劣的想法在我们心里产生时，马上消灭它吧。对于他人的一言一行我们必须要报以友好、坦诚的态度来对待。

圣贤思想

善念与友好会让人生变得美好，会让面临的矛盾误会得到化解，会让纷争平息，会将复杂化为简单，会将乌云拨开显现阳光。

基督教义中的话是小朋友都可以理解的，意思特别简洁明了。而读不懂基督真正教义的人，正是那些伪装成基督徒或者以基督徒自称而事实上并不行基督徒之行为又配不上基督徒这个身份的人。

由基督教义所说的"因财富而秽乱"的状态中走出来的人，请求上帝赐予的与上帝所施与的"不必种不必收的天空小鸟"获取的东西一样多，而请求用这样少量的食物来满足自己日常的人，与那些为着人世间种种欲望而不断苦恼的人相比较，却过着更加实在、更加真诚的生活。所以，那些坚毅行为与自我付出都可以从他们的行为中寻找到。如果远离人民，那么伟大的事业将如何进行？民族的能量与自尊又来自何处？在一个民族走向灭亡时，能够让他重新获得希望的除了人民还能有谁？如果民族已经无可救药，那些将旧俗取代重又焕发生机的力量不来自人民，到底还能从何而来呢？就因为这样，上帝才走进人民当中。人民也因为上帝才知道了神，并认可他、听从他、传播他。富有者、出家人、学术者对他一直抵制并仇恨着。虽然这些人心机重又冷酷，虽然他们会用死刑威胁人，但上帝却在人民中得到了最终胜利。人民建立了以上帝为主导的国家，将他的精神进行广泛传播。那些明知自己已经走到了末日边缘而害怕不已的残暴强权者，最终都会变成过去，人民将会迎来自己的全新生活。

拉梅内

对两种迷信我们必须保持警惕，它们具有很大的危害性：一种就是可以将神的本质用语言进行表达的神学家所编撰的迷信；另一种则是那些将神的力量通过科学进行解释并剖析的科学迷信。

罗斯金

上帝传播给人民的戒律已经将他的教诲都告诉了我们："像我爱所有人一样去互相爱护吧，如果你们可以互爱，人们就会知道你们是来自我的教诲。"

上帝只讲了"如果你们可以互爱"，并没有说"如果信什么不信什么"。一个人的信仰是根据自我经历和知识而不断发展与变化的，它与时间相关，它会因为时间的改变而改变。但是，爱和时间是没有关系的：爱亘古不变，为永恒之物。

我所信奉的宗教就是对一切生命的爱。

柯鲁德夫斯基

想要体验上帝的精神，只将自我邪念进行消除是不够的。

用自己的思想来思考

一月九日

只有依靠自我思想的能力获取知识，而不是靠着记忆力去取得，这才是属于自己的知识。

我们只有在将过去所学的知识全部抛开时，才可能真的重新开始认知。想要去探究某一件事物，假如提前运用自己所知道的对事物的了解来确定它，那么我们对这一事物的认知便受到了限制。为了达到对某件事物的真正认知，我们必须要在面对它时，将它当成从没有见过的事物来对待才行。

梭罗

假如我们总是将别人的想法进行积累与认可，那我们自己的想法就会空白、干涸。这样长时间下去，假如我们的思想不具有高强度的韧性，无法抵抗这种外来思想的堆积，那我们自己的思想就要完全失去生命力了。造成这种结果的原因，正是对阅读以及研究的事物不进行选择。另外，如果我们将自我思想以及认知进行中断，就是为了给别人的思想让位的话，那我们思想本身的完整性以及连续性都会受到打击与破坏。为认可他人的知识而将自己的知识赶走，就好像为了去别人的地盘而将自我地盘变卖一样——莎士比亚就对他那个时代的人进行过这样的指责。

在对一件事物进行思考之前，总是先将他人的评论拿来阅读是无益的。因为我们这时除了会想到新的内容，还会加入他人对这件事的看法以及认知，这样很容易让自我思想失去思考的动力，从而一味采取既有的观点，并让它产生作用。这样的习惯很容易养成，它一旦生根，我们的思想就变成了供水流通过的水道。如此，想要再去发掘自我思想则变得困难异常。正是基于这个原因，学者的独创性才不够高。

叔本华

知识犹如货币，如果一个人通过努力而取得金币，那他会为这样的收获而引以为傲。哪怕收获的只是铜币，只要它是依靠自我能力而来的，一样也能引以为傲。可那些并不去努力，完全靠着别人的施舍而获取货币的人，他们还有什么引以为傲的理由呢？

罗斯金

对人的大脑来说，学习太早或者学习太多与什么都不学相比，前者危害性更大。

那些有所成就的思想家，其成功的原因非常明显：他们始终对那些早于自己而出现的书籍与认知保持着独立，他们所想到的就是自己想到的东西，而不是过去或者他人已经想到的东西。

同样地，我们也必须要对那些如同火花一样不时闪现并点燃我们内心的明亮想法进行关注。对我自己来说，那些内心闪现的明亮火花，要比很多诗人、艺术家、学者所总结出来的著名理论以及权威研究都重要得多。

爱默生

依靠自我思想而获取的想法，或者是哪怕只能让内心疑虑获得解释的想法，才是自我生命真正的东西。只依靠记忆力或者是大脑中记下的他人思想，我们的人生并不会因此而产生重大影响。

可以少说点，少学点，但必须要多思考。只有面对那些自我必需的事物时，才可以求助于老师或者书籍。

教育之根基

一月十日

　　教育的意义一定要以对将来的规划为基础。在对孩子进行教育时，应该铭记我们对他进行教导并不是为了让他更好地面对现在的时代，而是让他能够在将来拥有更好的生活能力，就是说，要让孩子获取在另外一个时代中更好地生存的能力。但通常情况下，父母在对孩子进行教育时，总是以当前时代为基础，让孩子成为这个时代最有用的人。假如父母可以为了人类遥远的事业而教导孩子，我们的世界就会真的走向更美好的状态中去。

康德

　　假如要打造适应将来时代并有助于将来世界的人才，就一定要用最美好的理想形象为目标对孩子进行教育——唯有如此，接受教育的人才会在将来的人群中成为最有价值的人。

　　在我看来，带领孩子获取自我内在灵性觉悟才是父母以及教育者当务之急的事情。

伊凡·蒲宁

　　关于教育的真正目标并不只是让人向善，还要让人不断去发现惊喜；它不但让人纯洁，也让人喜爱纯洁；不但让人保持正义，也让人渴望正义。

罗斯金

　　来自宗教的教化才是教育的根基。虽然是这样，但现代基督教带给人民的教育却是虚假的，它让大家不要去相信他人。对孩子来说，他们的眼睛是最为明亮的，他们早看透了这个事实，所以，他们不仅不信宗教，也不会相信教育他们的人。

说谦逊

一月十一日

少了谦虚就没办法做到"完成"。

"现在的我已经非常好了，我为什么还要继续努力呢？"假如真这样想的话，就没办法达到自我完成了。

在侮辱面前并不进行报复，却能平静面对并忍受侮辱的人，才是最终可以在世界上取得胜利的人。

杰尼奥

在你的朋友中，有些人会责备你，有些人会称赞你。你应该做的就是靠近责备你的人而远离称赞你的人。

《塔木德》

在比自己的位置还要低的地方站着吧，因为被人喊"上去"远比被人喊"下来"要好。

将自己看得比所有人都高的人，神会让他变低；保持谦虚的人，神则会让他变得很高。

《塔木德》

在日常生活中，尽力消除你所有的支配欲望吧。对待虚荣必须保持警惕，不要追求名声与称赞——这些只会让你的精神受到损害，让你的灵性消亡。不要将自己看得高于他人，也不要认为自己的美德是他人所没有的。

圣贤思想

圣贤虽然对自己要求严厉，但对别人却向来宽容。圣贤在自我境遇中随遇而安，绝对不会因为自己的困境而怨声载道，所以，哪怕居于低位或者遭遇困难，对人生也从来保持尊重顺从。与之相反，平凡的人则更不安于本分，他们会因为不断追求享受而让自己身处险境。

射不中目标的时候，要怪的应该是射手而不是他人，这才是圣贤应该有的态度。

孔子

经常想一下自己做下的恶事吧！这可以帮助你不再犯恶。但如果你经常想的是自己的善行，则很可能让你没办法继续行善。

假信仰

一月十二日

　　有人觉得，自己完全可以代替他人决定神与宇宙之间的关系；同时，也真的有人将这一决定权交到别人手中，并不加选择地听从那些人的话，而且，在信仰中大部分人都是如此。但不管是不是这样，人们都因此犯错。

　　有人说有关宗教的所有问题都已经得到了解决，所有宗教规则都已经得到确立，于是，他便马上将自己全权委托在那些解决问题并确立规则的人手中。

　　"别人对这些事可以进行决定并对此有着真正的理解，我为什么还要再去费力地思索呢？"在这些人的头脑中只想如何过得更舒适，只希望终日沉醉于幻想中。

　　沉溺在这种愚昧的舒适里，最终就是失去对自我思考的热衷以及判断事物的力量，那种不加选择的信仰烙印便会一直留在我们脖子上。

弥尔顿

　　从人们不再履行自我道德义务的时候起，从人们不依靠自我内心判断而完全依赖某种派别或者集团的认知来限制自己义务的时候起，从人们只借口自己为芸芸众生之一而将个人职责推卸掉的时候起——对的，就是从这时开始，人们失去了自我道德的意志；从这时开始，他们将只有神才可以做到的事全部要求于世人；他们将那些依靠人类薄弱能力而制造出来的武器看成了神力的赐予进行膜拜了。

伊凡·蒲宁

我们像孩子一样，首先重复祖辈们无可辩驳的真理，然后重复老师的真理，而后随着年龄的增长，又遇见更多优秀的人，进而重复了这些人的真理。

我们竭尽全力地牢记他们说过的话。当我们自己处于他们曾经处的位置时，就会真正明白那些话的意义，我们的失望如此大，以至于不愿意忘记曾经听过的那些话。

爱默生

曾经的先知所流传下来的东西是我们可以继续使用的，不过对这些东西的本质，我们应该通过自己的理智进行检查，并有所选择。

所有人对于神与宇宙的关系定论都应该是由自己去确定的。

信仰来自对人生认知的领悟，是对这一领悟所具有的职责认知。

"什么样的人才是善良的？"

"拥有信仰的人才称得上善良。"

"可是什么又是信仰呢？"

"信仰是个人道德与意志之间的紧密关系，是贯穿于对宇宙理性认知和自我意志之间的和谐关系。"

中国佛教

宗教的最终目标并不是只为塑造好人，它拥有比这更深远的目的，当然它是先认可了好人存在的。它最主要的目标就是将善意者向着更深远的境界中引导。

莱辛

有件事是至关重要的，那就是将自己交到神的手中，一直跟着神走；将自己放到一个普通的规则中去，而那些纷扰全交由神来面对吧。毁灭也好，成全也好，一切都由它吧：反正要来的一定会来，而那些到来的实际上就是一种恩赐。为了将人生道路走完整，还有什么是可以与好的信仰相提并论的呢？

卢梭

平安分为两种：第一种平安是逆来顺受的，它只是一种不面对困扰的消极状态，这种平安是苦苦挣扎之后的安静，就像强风暴雨结束之后的宁静一样。而除去这种平安还有另外一种平安，那就是内心真正的平安，后者的平安恰好就是前者平安的开始。第二种平安来自神所具有的那种安静，它像"天国以及自我心中"的平安一样，这样的平安其实是宗教信仰中的真正平安。真正的宗教信仰就是指要以自我觉悟了解自己与神、与宇宙之间的和谐关系，与万物之间的融合，是最为纯洁的爱，是可以让人舍弃一切欲念的力量，是切实参与宇宙与现实的行为，是宇宙与自我意志之间的结合。只有在这样的境界中，才会拥有让人感觉到幸福的平安。

伊凡·蒲宁

据说，在生命的最后时刻会有一次审讯，善良之神会大为光火。不过善永远是善，它不会变成任何不好的东西。我们完全不必为此害怕，在最后的时刻我们也会充满愉悦。

欧玛尔·海亚姆

"神的意志是存在于天地之间的，也是存在于永恒之中的，同时更存在于并不漫长的人生中。"——如果我可以将心里的真话说出来，那对我来说，一切对永远的坚定和证实都将失去意义。我对于"亘古不变"的思想是从不进行称赞的，也不会将自己终身托付于它。我明白这种思想就是"爱"——对我来说还有什么比这更重要的呢？死后怎么样我完全不会去忧虑的。

基督临终前说："上帝啊，我将自己的灵魂交给你了！"——可以理解这句话的含义并真正用心灵进行表达的人，会将这件事看得最为重要。信仰——真正的宗教信仰，可以处理所有的事情。

想要获得这种信仰，就一定要从自我内心进行建立，为了可以建立它，则必须用一生对"信仰"进行追求。

信仰本身其实并不会显示于什么惊天动地的大事件中，而是显示于那些并不起眼的日常琐碎之中；事实虽然是这样，但那都是为了信仰而形成的事件，很多小事都只是为信仰的目标才得以实现的。

帕斯卡说："所有人都会遭遇独自与死亡面对面的时刻。"

确实，真正的存在并不表现于他人眼中，而是个人能够单独与神相对并进行自我的生活。

不要认为失去信仰同样可以得到心灵的平静。

爱

要爱那些乐于帮助别人的人。要爱乐于帮助别人的人，也就是要爱上帝。

支撑着人们生存的并不是他能够自我思索，而是可以看到他人心里爱的存在。

神从来不喜欢单独地自我存在，所以，神不会给我们只为着一个人的需求而去生存的启示；神所乐于看到的是世界可以团结一致，因此，它对我们每个人的启示都是相同且同等重要的。

人们大概都认为自己是为自己的人生而活的，但事实却是每个人都为着爱而活。如果一个人心中没有了爱，那所有的孩子就不可能长大，人类也将无法传承。

所有人都为爱而活，而只爱自己则是走向死亡的开始，只有爱神以及世界才是真正生的开始。

神即为爱。能生活在爱中就如同生活在神之中，神也在这样的环境中存在着。没有人真正看到过神，我们如果能相互爱对方，

032   生命的善行：托尔斯泰陪你走过春夏秋冬

神就在我们的心里，如此神对人类的爱也通过我们而得到实现。假如有人声称自己爱着神，可是却对兄弟心存仇恨，那就是一种谎言；因为一个连兄弟都不会去爱的人，又怎么可能去爱不可见的神呢？兄弟们呀，我们应该互爱；因为只要拥有爱心的人，都因神而存在，并与神相识，此即为爱。生活于爱中，就是生活在神里，同时神也在他的心里。

如果无法原谅兄弟姐妹，就没有办法去爱他们。真正的爱没有边际，如果它是真正存在的，就不会产生任何不可原谅而带来的仇视。

只爱自己喜爱的人，这算不上真正的爱。真正的爱应该是所有人心中共同存在的相同的对神的爱。因为这样的爱，我们不但可以爱亲人，爱同样爱着我们的人，也能爱那些充满罪恶的人。如果我们想要这样去爱人，就一定要记住每一个与我们来往的人，他们与我们一样，也同样爱着自己；同时还要记住，我们与他们心中的神是相同的，如果能够做到这样，我们就可以知道自己应该怎么去做了，也能够自然地去爱他们了。当我们可以达到这样的爱时，所产生的喜悦感远比只爱自己喜爱的人以及爱自己的人更大。

《约翰一书》第四章

爱不是日常中可以自然产生的东西：爱不是理由，它是一种结果。这理由便是我们的自觉心理，也就是自觉地认为神存在于自己心中的原因。爱正是因为这自觉对自己进行要求并产生的。

认识神

你问耶稣的主要性格特点是什么。我回答说：是他对于人类灵魂伟大之处的坚定信心。他在人类的身上看到了上帝的影子和形象，所以他爱人类。耶稣目光犀利地看向人类物质层面，肉体在他面前消失。他透过富人华丽的衣服和穷人的破衣烂衫，看到了人类的灵魂，那里既有愚昧无知也有罪恶。他找到了可以无穷尽发展灵魂世界的力量和完善该世界的源泉。在堕落的最底层，耶稣看到了可以变成天使之光的东西。不仅如此，耶稣还感觉到没有什么事情是人做不到的。

钱宁

对于每一个人，摆脱偏见不会减少道德障碍，只是用更高尚的生活准则代替了拙劣的。很多可怜人因为这样的代替而失去了自己的支持。但是这并没有一丝恶劣或者是危险。这只是成长。孩子应该自己学会走路。人在失去早已习惯的迷信时，起初会有无家可归的孤独感。但是这种失去只是失去了表面的支柱，这会迫使他变得强大。他会觉得与上帝之间毫无距离，他是在自己的内心中直接认识真理，而不是在书中，然后他的"小礼拜堂"渐渐地发展成为辉煌壮丽的"大教堂"。

爱默生

对上帝的认识可以分为思想上的认识和以信仰为基础的精神上的认识。思想上的认识是不可靠的，而且容易犯致命的错误；精神上的认识是指把上帝看作是需要实行有道德行为的特性。这样的信仰是自然的，也是超自然的。

康德

请不要只追求精神生活，还要努力寻找超出精神的东西。

梭罗

去担心存在于你和你心中上帝之间的所有事物。

生活不幸的主要原因是错误的信仰。

人生就是要将生活中不合理的事物变得合理化，让无知朝智慧前行。想要实现这两个目标，有两件事是必须要做的：

第一，将生活中的不合理以及无知找出来，绝对不能拖延。

第二，去了解人生所有合理性的真正原因。

一旦明白了生活中不合理以及产生不合理的不幸原因，人们才会自觉地去回避它。与此同时，当看明白了人生的合理事物时，人们就会自觉向它们靠近。所以，去将不合理部分所产生的"恶"找出来，将合理所带来的美好告诉他们，这才是一个教师所必须具备的职责。

不过，那些以世界甚至全人类代表自居的导师、领导大多不会将这样的美好指出来，他们不但不会让人们了解不合理以及走向合理的方法，相反却会努力利用不合理来对合理的事物进行打压。

对于世界上的所有事物我们都要小心谨慎，我们不可以沉迷于自我认知中，要将陈旧的观点抛弃，去获取更多新的知识；偏见是我们必须要远离的，我们需要自由清醒的头脑来对事物进行判断。不看风向变化，只一味扬帆航行的舵手，永远无法到达他要去的地方。

亨利·乔治

如果想要让劳动者与资本家之间的关系得到改善，就一定要抛开"有仇必报"的心理，而在日常当中去相互爱护——既做到自己没办法做的，也不要求别人去实施。

露西·马洛丽

只要人类还按现在的方法生活，所有利用强权暴力而进行的改变就没办法让人们走出不幸。改变绝不是来自生活形式的变革，而是善行与合理化的推广。

听命于虚假信仰而做出的所有要求，才是世界进入不幸的真正原因。

完善自我

一月十七日

因为自我内在的职责感，对内心深处神之诫命身体力行，人就可以不自觉地用最正确的行为对社会改善做出努力。

人如果无法获得心灵内在的自由，那就没办法取得外在的自由。

赫尔岑

那些长于幻想的人总会对未来全力断言，不过他们并不想等候，而是着急去靠近未来的样子；如果耐心等候，恐怕要等上千年才可能看到那些东西，但幻想家只想在有生之年便可以看到全部。

莱辛

你为什么要将自己放在这样一个悲惨的环境中而自寻烦恼呢？你们想得到的就是善，可却不知道怎么去获取？你们是否明白，只有能给予我们生命的人才能将善同时给予我们？如果你们的心里没有神存在，那就什么也不可能得到。你们除了在烦恼中寝食不安，最终还能发现什么呢？确实，你们将暴君推翻了，可却还有比他更残暴的君王出现；你们将奴隶制度废弃了，却会有新的不公平制度和新的奴隶制度出现。那些站在神与你们之间的人并不可信，因为他们用自己的身体挡住了神的存在。这种人的意识非常邪恶，只有神才拥有自由的力量，只有神才拥有那些可以团结一切的爱。

用自己的想法和意志制定了法则来领导你们的人，最终可以为你们做点什么呢？哪怕他们思想不错，也愿意与人为善，可这依旧只是他们内心的自我想法，并不来自神的诫命，这只是自我思想，完全不是正义的真理；所有暴君都会这样做。如果推翻一个暴君只为让另一个暴君上位，这种推翻没有任何意义。真正的自由从来不来自某个君王的管理，它只在神的法则之中；失去神的法则，人们就会任意妄为；神之王国以灵魂与聪明为基础推广真理和友爱。真理之规则告诉所有人，不论是在神还是基督面前，人人都是平等的。友爱规则教导所有人，人应该将自己看成神之子，与所有人相互帮助友爱。

如果有人对你说："在我们之前并没有人知道什么是真理，真理就来自我们，一定要相信我！我们能够建立让人们获取满足的真理。"纯属谎言！或者，如果有人用契约与你谈论自由，那也是骗人骗己，因为这样做的人只是想让你视他为主人，他所承诺的自由只存在于他的管理之中。这时你们最好这样回答："只有神才是我们的主人，其他的主人我们完全不需要，而且，我们真正的自由就来自神的给予。"

拉梅内

因为血管的原理，一个容器中的水可以注入另一个容器中去，直到两个容器达到容量平均；假如人类的智慧也可以如此，从充满智慧的人身上向智慧不足的人注入智慧，那该多好呀。可事实是，在我们想要获得他人的智慧之前，必须要先自我努力才行。

哪怕你可以告诉别人什么是"善"，可如果自己并不去践行，你依旧会失去人心。

中国格言

倾听神的旨意，不断去完善自我内心向善之道。只有这样，你才能用最多的方法来为世界生活的改变出一份力。

对自我职责进行认知

一月十八日

开明的人是了解自己人生目标的人。

学者是通过书本获取很多知识的人，而有教养的人则是对不同时代流传甚广的理论和习俗总结心得的人，但真正文明的人却是领悟了自我生存意义的人。

自从人类诞生的那一刻，不同民族中就会有老师出现，他们推广人们必须要学习的生活学问。这些学问让人们以及个人职责、真正的美好得以实现；也只有拥有这种学问的人，才能够对其他知识所存在的意义及不足进行判断。

学问的种类非常多，所以，假如无法知道人类职责以及真正美好的意义，就会在各种不同的学问中无法进行取舍与选择；而且，失去这样的能力，其他学问也会随之被惰化，变成懒惰消极、有害身心的事物，这样的事在日常中很常见。

我们这个时代的人们过着疯狂的生活，这种生活与历代优秀的人所过的生活截然不同。导致这种现象产生的唯一解释就是：

如今年轻人需要研究很多难度系数大的课程，例如：关于天体的位置、数百万年以来地球的状态、生物的来源等等。唯独不研究人类生存的意义，不去思考如何度过自己的一生，也不学习古代智者的思想，要知道这些问题都是我们每个人必须经常思考和学习的。当代社会这批年轻人不仅不研究这些问题，却学习那些以上帝教规命名，实质上却是一些连研究这些问题的人都不信任的谬谈。如此，我们生命之楼不是由石头搭建，而是由那些充满了气体的泡沫建成。这样的大楼难道不会倒塌吗？

那些认为自己有知识、懂礼貌、守道德的人，总是了解很多没必要的事物，每天沉浸在迂腐之中，他们不仅不了解生命的意义，还以此为傲——这是现代最常见的一种现象。当然，我们也经常会遇到这样一些人，他们对化学、天文学、无线电等知识都不理解，甚至不认识字，但他们却拥有真正的道德，最明白生命的意义是什么；而且，他们对这些从不骄傲，他们总是对那些自视有修养、明明无知却还沾沾自喜的人报以怜悯。

只有在研究生命的意义或者探究何为"善"的问题时，学问才具有必要性。

这样的学问人人都可以获取。

自我牺牲精神

社会生活只有通过克己来改善。

一只燕子无法代表春天的到来，这样说是没错的，但假如有一只燕子最先嗅到了春的气息，它能在原地守候而不飞翔吗？假如有些土地与青草也都这样一味等待，那么春天恐怕不可能到来了。同样，在我们对神之王国进行建设的时候，完全没必要去考虑自己是第一只还是千分之一只感受春之气息的燕子。

天与地是永远不变的。它们之所以如此，是因为它们从不为自己而存在，它们可以做到真正的无私，所以可以永恒。

圣人与天地一样。他们因为忍让而获得尊敬，因为不计较个人利益而受益匪浅。因为这样的无私精神，他们实现了自我。

（这句话的原文："天长地久。天地所以能长且久者，以其不自生，故能长生。是以圣人后其身而身先，外其身而身存。非以其无私耶？故能成其私。"）

老子

假如想要改变生活，就要拥有随时可以将人生抛开的思想准备——这个方法不管是个人还是全社会都是适用的。

在大家都准备与善恶进行一场最大的争斗时，在世界的天空响起雷声之轰鸣时，在神与魔之间即将展开对阵时，在人类预料这场争斗将切实影响自我命运（自由或者失去自由）时——在这个最为重要的时刻，最关键的事就是要明白：想要完成伟大任务的人一定要心存救世之念，必须要能做到杀身成仁，绝不可为了自我而有所留恋，要像求悟的苦行僧一样随时随地都可以走入人民之中面对问题；同时，一定要可以忍受贫穷，要以先贤为偶像。不求取眼前美好的，不为物质所留恋的，了解自我内心拥有自由渴望的，知道生活就是一场斗争，就是要为了神圣的自由而赴死的——只有这样的人才虽死犹荣。

拉梅内

一个人是不是能真正完成自我，要看他自我抛弃的程度如何。越是可以将小小自我抛弃的，越能离完美更近一些。

不具有牺牲精神就想要达成人生的改变是徒劳的；这样的行为只会让生活改善的可能性变得更小。

永生

一月二十日

出生与死亡是两个极点。在这个范围之外存在的是一样的某种东西。

当你在思考死后灵魂会是什么样子，那就必须得思考出生前的灵魂是什么样子。如果你朝着某一方向走，那你一定来自那个方向。生命也是一样。如果你遇到了这种生命，那么你一定是来自这种生命。如果出生后是这样生活的，那么出生前也是这样的活法。

我们死了之后将会去哪儿？会去到我们来的地方。在我们来的地方我们不称自己为"我"，也是因为这个原因，我们不记得曾在哪里，在那里逗留了多长时间，那里还有什么。如果我们死了之后去我们离开的地方，那么死后我们不会再称自己为"我"。

因此，我们无论如何也弄不清楚死后的生活是什么样子。有一点可以说的是在出生之前我们意识清晰，所以死后我们也不会迷迷糊糊地。

如果人过着美好的生活，那么他现在是幸福的，也不会思考死后的生活。根据他现在一切被安排的妥妥当当的美好生活，即便是想起死亡这件事情，他也会相信死后的生活仍会如此美好。要相信上帝是善良的，他会把最好的东西呈现给我们，这比相信天堂极乐更让我们感觉到平静和踏实。

在我们诞生的那一刻，我们的灵魂就被安置在肉体这个棺材里。当我们的肉体不断地被破坏，我们的灵魂就渐渐地被解放。肉体一旦死亡，灵魂就完全被解放出来。

赫拉克利特

人无须猜想死后的样子，而是应在此生凭借自己的智慧和内心努力做事。

真正需要去做的事情

一月二十一日

人越是提高自己的智慧，平息自己的热情，越是能够解放自己的精神世界去爱上帝和他人。当他主动地去做这件事，那么他就是幸福的。

如果在狂风暴雨来临时，有人不去加固自己的门窗，而是跑到屋外接受风雨的侵袭，并且对着风雨大声叫喊，指挥风雨应有的方向，我们肯定将他看成疯子。可在我们不对内心罪恶进行消除，却对世界的恶行徒劳指责时，那就与被称为疯子的人没什么两样。将内心的罪恶清除——就是为房屋加固门窗——这是完全可以凭自己的能力完成的事，但若想要对世界上进行的罪恶予以清除，就如同指挥风雨一样，远不是个人能力所能及的事。如果所有人都可以从指导他人的行为上来对自我进行教导，世界的罪恶就会慢慢变少，人们也会越来越轻松美好。

注意不要因为过失而让自己沉迷于混乱之中。世界上没有什么事比了解自己的过失更有意义的了，想要达到自我教育，这是最重要的方法之一。

卡莱尔

避免为不知道的事苦恼，避免让自己与无关的事产生纠葛。如果要这样做，还不如去走一条正确的自我之路，去用心获取成功。

圣贤思想

不要因为自己的恶行不大而不当一回事。"这次做了小的恶事，下次杜绝这样就是了。"——千万不能这样想。因为这不可能，一旦你做了恶事，下次想要自我控制就变得非常困难了。

"做好事非常容易，我们无须去努力刻意地坚持，不管什么时候都可以做到。"——千万不能这样想。哪怕再小的善行都会让生活变得更加美好。

在一棵苹果树上，同时摘下两个苹果，一个成熟的红苹果，一个未熟的青苹果。青苹果与红苹果打招呼：

"阿姨你好，不过，阿姨若能如同我一样真正成熟起来多好。"

"什么？如同你一样？这孩子真不懂礼貌。"红苹果说，"我的脸颊如此红润，长得这样好看、饱满且多汁，你到底知不知道呀？我不知道怎么样才是最成熟的，但我现在只沉醉于喜悦里。"

"你说得没错，可是你的美丽以及你的身体，都具有时间的限制，完全没有真正的生命力。种子就藏在你的身体里面却被你忽略了——而只有它才是真正的生命。"

"说的都是傻话，怎么会有种子这样的东西！"红苹果回答着，谈话就这样结束了。

对自己内心存在的灵性一无所知，只过着动物人生的人就如同这个熟透的红苹果一样，他们抱有相同的想法。可不管你是不是喜欢，我们都会像苹果一样，慢慢地随着时光的推移而变老，曾经被我们视为生命的东西逐渐消失，而真正拥有生命、不断成长的生命则在最后时刻得到醒悟。既然是这样，我们就应该在最初就看清生命的本质，从而过一种真正有内涵的精神生活。

　　我们经常认为，自己重要的事就是将眼前的工作完成——比如造房子、种田、喂养家禽、采集果实等。将那些精神的、不可见的活动当成不必要的事物。可不管怎么样，失去了精神生活的人，其一切行为都失去了意义。

战争

没有任何条件是可以使杀人不再成为最愚蠢的公开破坏上帝教规的行为，所有的宗教学说和人们的良心也是这样认为的。

基督在哪里？我们要去哪里寻找他的教诲？到基督教的国家可以找到他吗？他就在那些人为的建筑里吗？——不，肯定不在这里。那他存在于基础并不公平的律法里吗？——不，也不在这样的地方。在自私利己的罪恶习俗之中吗？——绝对不在这样的地方。那基督到底在什么地方呢？他就在个人内心准备面对将来的行为中，他居于纯洁的内心渴望中，他在所有人自觉的意识中，也就是大家的良知之中，因为只有良知才会看到世界所滋生的罪恶。

拉梅内

什么是兵役？一旦年轻人长大了，变强壮了，到了可以帮助自己父母做事情的年纪时，就把他带到会客室，叫他脱掉衣服，在仔细检查他的身体后，命令他到十字架前，起誓：听从长官指挥，命令杀谁就杀谁。当他执行了杀人任务，那么他违背了自己的理智和良心，甚至是基督教规中的规定。

军官生活本来就容易使人堕落。一个人一旦进入军界，就终日无所事事，也就是说脱离合理的有益劳动，逃避人们共同负担的义务。换来的则是军队、军服、军旗的荣誉。再有，一方面是颐指气使，对别人享有无限权力；另一方面，在长官面前却又奴颜婢膝，唯命是从。

这样的生活对军人的腐蚀特别厉害，因为平民会感到害臊而不愿过这样的生活。军人过这样的生活却心安理得，并且自吹自擂，引以为荣，特别是在战争时期。"我们准备为国捐躯，因此这种醉生梦死的生活不仅可以原谅，而且对我们来说是必要的。所以我们才这样过日子。"

独自去杀害一个人是得不到支持的，这样的行为被严格禁止。假如谁因此杀害了生命，就会被视为犯罪，变成杀人犯。假如是两个人或者十个人、一百个人，也同样会被称为杀人犯。可假如国家与国家之间进行对抗，这样的杀害再多也不为过，这并不算杀害，而是为国家所做的"善行"。它最大的不同就在于多集结一些人，如果是数万人之间的战斗就不称为恶行了。那斗争所需要的合理人数到底是多少呢？这是一个值得思考的问题。一个人无法进行侵略，但一个国家可以。那究竟要多少人才行呢？为什么一个、十个、一百个的战争就是违反了法律，而数以万计的人则可以随心所欲呢？

　　神性根源是每个肉体中所存在的，也是与他人相同并唯一的东西，因此，不管是一个人又或者是数以万计的人，都不可以违背这与肉体合而为一的东西；也就是杀害他人生命的事绝对不可以去做。

生命的善行：托尔斯泰陪你走过春夏秋冬

邪恶

一月二十三日

对身边的弟兄发怒将让人生幸福受到最大破坏，也就是将爱的幸福破坏掉。

罗马的塞内加说过，控制发怒的最好方法就是，当自己开始发怒时，身体要尽量保持安静，不去做任何事情——不走动，不变换姿势，不讲话——假如让身体与舌头获得自由，那么怒气也就会随之爆发了。

为了把控自我发怒情绪，在别人愤怒不已时，对它进行安静地观察不失为最好的办法——塞内加就是这样说的。假如看过他人发怒，看过那种因为愤怒而满脸通红的丑态，那种提高嗓门儿大叫大喊如同醉酒者的姿态，所说出的话又如此不堪入耳，自己还希望也变成这样可憎的面目吗？

人们经常会被怒气击倒，可却又对它无力控制，因为在人们看来，发怒是一种勇敢。可事实却不是这样，发怒没有一点儿益处，我们必须要记住，发怒并不是强者的行为，多为弱者的表现。

有的人在生气时会殴打自己的孩子、妻子，以泄愤怒，可哪怕是对小动物的踢打，也足以将他内心的愚昧和懦弱显示出来。

人生的职责

人类社会将走向何方？对于这个问题人们是不会明白的。每个人应该知道自己该朝着哪个方向走。而你也是很清楚地知道自己该走向理想境地。

通向生活内涵的道路是非常狭窄的，所以发现它的只是少数人，因为朝着宽阔之路前进是大多数人的选择，不过正确的道路不是宽阔的，它往往只容得下一人通过。假若想要找到这条路，就不能追随大众，看别人怎么走就怎么走，应该要跟着佛陀、孔子、苏格拉底、基督这样的圣贤者行进，他们是真正为自己以及他人开辟正确道路的人，只有这样的圣贤者，我们才可以追随。

露西·马洛丽

说起来人大致可分为三类：第一类是发现了神并尽心为神付出的人，他们也是最智慧且幸福的人；第二类是还没有发现神，也不知道如何去探索的人，这种人不够智慧也很不幸；第三类是虽然没有发现神，但却热衷于追求神的人，这种人或许是智慧的，但同样不幸。

帕斯卡

从什么时候开始对真理进行探索也就从什么时候开始了真正的生活，一旦停止了对真理的探索，真正的生活也就停止了。

罗斯金

通过"最终的美好境界"（就是神之境界）来看待事物，让自己尽量迈入这样的境界中去，每天在感恩、和谐、亲和、勇敢之中生活——过去的圣贤者苏格拉底、爱比克泰德以及马可·奥勒留都有着与此相关的惊人见解。不过有的基督徒并不承认神的智慧。虽然是这样，我却觉得在活着的过程中，通过这份智慧去发现神之王国比起只有通过坟墓才能到达神之王国的看法更为难得。

若宗教生活的特点是把正确的生活放到死后的时间里去，而相信这些看法的人竟然将宣扬这种生活的人看成了真正的圣贤，并给予极高评价。

卢梭

始终对最高智慧进行追求的是聪明人，但如果觉得自己是早已经发现了这种最高智慧的人，则非常无知。

波斯格言

我们所占据的地方并不是最重要的，因为我们始终前进的方向才是最为重要的。

霍姆斯

　　你的行动不应该受世俗之人所谓的共同目标所决定，而应该以你和其他人一直拥有的共同职责来定论。

不是必需的学问通常对人没有益处。

　　苏格拉底一再提醒他的弟子，在接受教育的过程中，不管哪一种知识都只需达到其必需的程度就可以了。"以几何学为例，"他说，"只要学到可以利用几何学进行土地买卖的面积测量，或者用它进行遗产、劳作等的分配就可以了。假如这样来看几何，它就是非常简单的事。哪怕用它来对地球的宽度进行测量，也不会费什么力气。"不过，苏格拉底并不赞同对几何学进行深度的钻研，他还说哪怕一个人对几何研究得再多，可这种实际需求量并不是很多的知识会占据一个人大量的时间，那么就直接对其他有益于自己的学问产生了影响。

　　对于天文学，苏格拉底认为只要懂得通过天空现象用以了解夜的长短就可以了，或者是日、月、季节的现象，或者为自己指引方向，或者用以航行，或者按时换班等。他同时说："天文学并不复杂，所有打猎或者航海的人，甚至是任何一个人，只要稍微了解一点天文学，就可以从中学到需要的知识。"但如果深入地去研究各种天文学问题，去计算星座、星球等的大小，或者地球与星球的距离，或者具体运转变化情形，他都不赞同，因为他认为这样做并没什么实际意义。对于天文学的研究，他一直评价不高。可这并不是因为他对天文学无知才有的看法，相反，他正是在深入研究了这方面的问题之后，才认为自己不应该将过多的精力与时间都花费在这件事上，而应该抽一些时间与精力去学习更多人生需要的知识。

色诺芬

对所有学问都进行钻研的学者是可悲之人，那些自以为是的哲学家、不断探索的研究者都很可悲。这些愚昧的"富有者"每天忙碌于自己知识的盛宴之中，他们全部享用了满腹的无用学问，因为这些苍白的学问对内在的完善或者是改善人类根本没有用处。

费奈隆

对神爱戴又充满知识的人和什么一样呢？就和拥有了工具的工匠一样。而不爱神却充满知识的人，则犹如工人失去手中的工具。爱戴神但并没有知识的人就像拿着工具但完全不知如何运用的人。

《塔木德》

假如对科学进行实验就是最终目的，并没有引导它向前的哲学精神存在，那就如同脸上没有眼睛一样。只有那些缺少天分的庸才才会去做这样的事，那些天分高的人绝不会在这样的细节上进行探索。那些缺少天分的庸才往往为了一个不大的领域而耗费自己全部的精力及学问，他们获得了一个小领域的足够学问，却对其他领域一片空白。可以将这样的人比作做钟表的工人，他们只生产钟表的齿轮，或者只生产弹簧，又或者只生产表链。这些人如同交响乐团的一名团员，只负责自己的一样乐器。

叔本华

了解一切生活规则比学习一大堆无用的知识要好，这些生活规划引导你向善而行并远离邪恶。相反，没有用途的知识只会使人心生高傲，从而影响你领悟人生之道的真实意义。

学而不精或者学习错误，不如不学习。假如将天空看成固定的，认为神始终坐于天空中，这样还不如不知道天空为何物。

慈悲

一月二十六日

有钱人是残酷的。只要他有一点善心，那他很快就会变穷。

在人们说笑着享受一顿丰盛之餐时，假如对路人的哭泣充耳不闻，反而咒骂他们是欺骗者，试想一下还有没有比这种行为更过分的事呢？就算真的有人因为一块面包而去欺骗，那你也应该怜悯他，将他从缺少面包的困境中拯救出来。假如你并不想对他有所救赎，那至少不要对他进行羞辱。

看到有人落水，哪怕不去救人，也不可以将落水者向更远的地方推。

圣约翰·克里索斯托

先将贪念清除，再去做善事。先将通过高利贷以及贿赂获取好处的行为放弃，再去讲善行。如果我们用一双手去将一个人的衣服脱下，再用这双手将衣服穿到另外一个人身上去，那么，这样的善只会让恶产生，如此还不如不行善。

圣约翰·克里索斯托

在富人们所举办的不同慈善活动中，能够看出他们残酷的生活性质来。

对于富人的房子，他们三个人就会需要十五个房间，而穷人哪怕只想去借宿一晚都是不可能的。

农家虽然仅有一间小茅屋，要住七个人，但他们依旧会热情接待前来投宿的过路者。

我们对很多事的喜爱就是因为它处于未完成状态，因为这样可以让人类去更努力地进行完善，让慈悲成为引导正义产生的原则，这一切都来自神的特意安排。

罗斯金

就好像智慧的第一要素来自对自我的认知一样（虽然做到这样并不容易），慈善的第一要素就是要懂得满足（做到这点很困难）。只有知足并心怀谦逊的人，才可能对他人产生真正的慈悲。

罗斯金

我们没办法相信那些唯利是图的人会是同时充满慈悲心肠的人。

爱与幸福

一月二十七日

对他人的爱可以为自己带来真正的、不容撼动的、内在的幸福，因为这种爱可以让自己与他人、与神达成和谐统一。

除了自己对自己的影响，不会有其他事物影响自我精神的发展；哪怕身体不好，或者没有渊博的学识，这些都不影响一个人精神的提升。因为这些不足可以通过精神中产生的爱进行化解，假如这些会对一个人产生影响，那绝对是因为他的心里缺少爱。

露西·马洛丽

有大智慧的人绝不是因为要获取什么利益才去爱的，而是因为他们在爱中可以体会到幸福。

帕斯卡

不用为过去的事而懊恼不已，后悔有什么意义呢？虚伪说："叹息吧！"而真实却说："有爱就够了！"不要去回忆，不提已经过去的事。在爱中活着，让一切都变成过去。

波斯格言

人们问圣贤："什么是学问呢?"圣贤说:"学问就是去认知他人。"人们又问:"那什么是道德呢?"圣贤说:"爱别人就是道德。"

中国金言

我们总是无法把握幸福,一个人越是期望获得世界上最大的幸福,这种渴望就越难以成真。尽职于自己的义务也没办法获得幸福,完成义务只能得到内心的平静,那并不是真正的幸福。

真正的幸福只可能在伟大的爱以及与神的结合中获取。因为假如奉献变成一种美好——一种永远的、不断滋长的、不可破碎的美好,内心的幸福感才可能得到保障。

卢梭

爱吧,去爱曾经带给你痛苦的人,爱被你怨恨与责备的人,爱将自己隐藏起来的人……爱所有人吧!这样你就会获得生命中最纯洁可见的爱与光明,你就会获取全新的,值得你去赞叹的幸福之感。在这样的时刻,你不必再去想宽恕他人,也不用想为什么要去宽恕,需要得到宽恕的不是他人而是自己,因为你一度忽视了他人心中的光芒,因为你心里没有爱,所以你无法看到最伟大的东西。

我感觉到自己内心有一种想要改变世界的能量,这种能量虽然并不推波助澜,但可以让人明显感受到它的引导。我还发现,所有人的心里都有一股力量在引导自己,并同时去引起他人的注意;我们在这样的相互关注之中感受到相互结合的和谐。

于是,我们对着心里的能量探问:"你是谁?"

我听到回答："我是爱，是上天的主宰者，同时想要成为大地的主宰；我是来自天国的伟大能量，更是未来世界所必需的力量。"

库罗斯比

　　真正的爱可以给人极大的勇气、宁静、欢欣，所以我们一旦了解了爱所赋予的幸福，就不会再去注重世俗所带来的外在享受。

遵守内心的法则

一月二十八日

　　如果我们想要理解、认知带给自己自由的法则，就应该从肉体的感受中转到对精神生活的关注上去。

　　"我与神合而为一，"大师说，"可是，如果你们通过我的肉体来想象神，那肯定是不正确的。假如将我与其他人有区别的地方来看作神，也同样是错的。只有你们明白我内心的真正的我时，明白这种与神合而为一，位于所有人内心深处的唯一感受时，你们才会走向正确。而想将'我'体会出来，唯一的办法就是：每个人在自己的心中去发现'我'的存在；也就是说，你们只有将内心'人'的感受进行提升，才能发现与他人相同的东西。深入认知自我本性吧，这样你才可以与神成为一体。"

　　"我们所有人看上去好像都与他人有所不同，而这不过来自表面，就如同盛开在苹果树上的花朵各不相同一样。确实每朵花都不一样，但它们却来自同一棵果树，归根结底，它们都是由一颗种子而来的。"

斯特拉霍夫

一月 | 067

在我们短暂的人生里，一定要遵守人生永恒的法则生活。

梭罗

遵守人所制定的法则就会让人变成奴隶，但听从神之法则则会让人变得自由。

英明

一月二十九日

　　不要认为英明是某些人才拥有的能力，它是每个人身上都不可或缺的，所以每个人都可以得到它。

　　认知自我职责并知道如何将这一职责进行完成的方法——这就是英明。

　　想要通往英明可以有三条路：一是思考之路，这是所有道路中最伟大的路；二是学习他人，这条路比较容易；三是经验累积，这是一条相对艰苦的路。

孔子

　　一个人的价值并不能通过他所具有的真理进行衡量，而是要通过他发掘真理时所付出的精力与所经历的苦难来判断。

莱辛

　　人生是一所学校，在这里，失败之师的优秀远远超过成功之师。

苏莱曼一世

想要看清自己，绝不能忘了时时注意他人以及他人的行为。
想要看清别人，绝不能忘了多看看自己的内心。

席勒

对于事物的了解，其实就是先走进一件事物然后再从中走出来；所以了解事物所需要的是被困其中的挣扎，是沉迷其中的领悟，是热烈之后的淡然。那些一直深陷其中的人，就与从没有进入事物中的人一样，完全不能称为了解。我们最为了解的事物绝对是开始确信无疑，然后进行真正的思索，并对它进行评判的事物。想成为了解事物的人，就一定要是自由的人，而在获得自由之前又必须要被那些事物困扰过才行。

卢梭

通过世界史对现代进行判断，通过地质学对历史进行判断，通过天文学对地质进行判断，这都是人们自由的思想活动；因为这样的自由，我们会时而感觉自我渺小，时而感觉自我伟大；我们既可以看到内心小宇宙，也可以了解外在大宇宙。

卢梭

我们不是什么东西中的一种，只不过是将智慧进行总结的人；所有的英明与真善都在我们的心里，我们所自称的"人"——即吃、住、行、同时进行思索的存在物——绝不是真正意义上的人，这种表象是虚假的。一个真正的人必须拥有内在的灵魂，人高尚与否就在这灵魂中展现。灵魂可以由英明睿智进行表达，这就是天才；若它由意志来体现，则称为德行；若由感情进行表达，就是爱。

有一句俗语说："神来的时候从不按门铃。"这就说明我们和永恒之间绝对没有篱笆、围墙之类的阻挡，人与神之间也是如此，他们是相通的。

爱默生

自己内心的审判者便是精神，它也同时是我们的避难所。不要让自己内心这位伟大的审判者受到伤害。

摩奴

所有的环境所有的工作都可以让你在其中取得或多或少的英明。

谈土地

一月三十日

土地不应该成为个人私有的东西。

在别人追问苏格拉底来自哪里的时候，他说："我是世界的居民。"在他看来，自己是属于这个宇宙的。

西塞罗

假如我们生活的土地全部变成大地主的私有之物，而且让他们觉得自己才是土地的主人，那不是大地主的人将失去对土地应有的权利了。因此，他们便只能在得到大地主认可的情况下才可以生活在地球上；只有大地主同意，他们才可以将自己的两脚踩在土地上。如此，假如大地主不同意给他们使用，他们难道要展翅飞翔离开地球吗？

斯宾塞

将土地据为私有与将奴隶据为私有是一样的，就其本质而言，它与通过劳动而产生物品的私有并不相同。

如果你对他人或者人民进行掠夺，这种掠夺会随着你的离开而结束。当时间流逝，你所做的事虽不会成为善行，但却可以得到终结。

但如果你掠夺了人民的土地，这种掠夺就会成为永远的事实并一直持续下去：一天又一天，一年又一年，每个时代都将进入到掠夺中。

亨利·乔治

假设我们占领着一个小岛，并通过自己的双手在这岛上耕种、生存。一天，有一艘因捕鱼而失事的渔船上的渔夫漂到了小岛的岸上，此时渔夫的权利如何体现呢？——"我和你一样，同样都有在这里耕种的权利，我也要在这个小岛上凭自己的双手占有一部分土地。"——他能不能这样说呢？

德拉维尔

有人认为土地可以成为个人的私有财产，人类最大的不幸就来自这种未经开化而又奇特的说法；这与奴隶制度相同，不仅有违真理还非常残酷。

纽曼

哪怕还有一个人不能拥有对土地行使的自然权利，那我们所有人对土地的自然权利就是不正确的。

爱默生

大地是每个人的母亲，她养育所有人，供我们居住在这里，温暖着我们每个人，让我们过快乐的生活。从出生的那一天起，我们就在她的怀抱里。在我们为了追求梦想而内心难安时，她总用最温暖的怀抱不断给我们安慰，大地与我们的结合如此牢不可破！

尽管如此，人们却为了对土地进行交易而你争我夺，事实上，在如今这个交易的时代里，土地早就变成了讨价还价或者不断交易的地方。这样通过上天的意志而产生的土地竟也成为交易的物品，真是没有天理。换句话说，只有神才拥有大地，只有辛勤劳作的人才拥有大地。她不是哪一个民族也不是哪一个时代的私有品，是过去、现在、将来所有生活在大地上的劳作者所共同拥有的。

卡莱尔

土地的所有权不归属任何人。

人与神之间

一月三十一日

最独裁最冷酷的事就是通过几个特别的人对宗教法则进行确定，并强制他人对其进行信仰、认可，还完全不能有不同意见与批判。

假如真是正义，那就让所有人——包括贫穷者、富有者、男人、女人、孩子都来认可它吧。假如不是正义，那要让所有人都离开它，正义是可以透过屋顶而光明正大传播开来的。

有人在不断小声说着：将某些事在大众中进行公开是很危险的；他们说："虽然我们了解这并不是事实，但它们对大家有好处，为了改变人们的信仰，我们骗他们又有什么不对呢？……"

可邪恶是永远不会成为善行的，哪怕只是骗了人们也同样是邪恶。根据我们的认知，真正正确的路只有一条：那就是追求正义。我们只可以相信这一条道路是正确的。

克利福德

人们的无知和迷信在很大程度上是因为曾存在并且现在仍然存在这些残酷的人，他们自己发光发亮，用自己的光不是帮助人们摆脱黑暗，而只是用光将其困固在黑暗中。

歌德

真让人困惑，不管什么时代，实施恶行的人总会极力给自己恶劣的行为披上宗教、道德或者爱国的虚假外衣。

海涅

能升入天堂的人不是那些只知道喊着"上帝保佑！上帝保佑"的人，而是完成圣父意愿的人。

基督对世人说，神与人是不需要中间人联络的，每个人都是神之子，父亲与孩子难道还需要中间人进行沟通吗？

二月

生 命 的 善 行

托尔斯泰陪你走过春夏秋冬

灵魂与肉体

二月一日

不管出于什么原因都不能将灵魂与肉体等同看待，而且我们没办法证明灵魂来自肉体的培养。

人们对灵魂与肉体的看法众多，大多数人会将灵魂与肉体看成自身的整体。肉体在年轻时占的重量最大，因为人们不断受到它的困扰。但是我们必须明白，我们的本质来自灵魂，所以我们要更加看重和了解自己的灵魂而不是肉体。我们应该接受这种认知，经常告诉自己的根源在于灵魂。我们一定要高度警惕，不要让灵魂被外在污染所侵扰，也不要让肉体居于灵魂之上。我们必须让灵魂管理肉体，如此我们才可能完成人生的使命并生活得快乐。

马可·奥勒留

所有的问题都体现在一件事中，即"人是不是相信真的有灵魂"。由肉体与灵魂的关系来看，人可以被分成两种——活着与死去，也就是说人可以分为相信灵魂与不相信灵魂两种。

不相信灵魂的人会说："灵魂在哪里？……正在吃穿用度的难

道不是肉体吗？"这种人不会进行深入的思考，他们所关注的只是外在，这让他们最终变得纵欲、愚弄、虚假、高傲、奴性，对于人体内在更高的自由、真谛、博爱等东西完全不在乎。这样的人已经在智慧的世界中死去，因为他们虽活着却如同死了一样，哪怕世界存在光明，但这光明只属于活着的人，而它让死去的人最终枯竭腐烂。

相信灵魂的信仰为人类的思想指明了方向。

相信灵魂存在的人会更加关注自己的内在，并认真探求自我情感与思想的深度，鼓励自我，让自己的人生符合更高的追求；那就是尽力让自己的人生拥有更多的自由、诚挚与爱心，尽力让自己的行为使灵魂与每日出于善念的思想及情感相融合。这种人始终追寻真谛，从而被引入光明之中，因为灵魂的存在不能失去理智的光亮，就好比世界不能失去太阳的照耀一样。

通常情况下，不会有人完全生活于黑暗或者是光明之中；所有人几乎都行走于人生的险途，有时徘徊于十字路口，有时试探着向前。但相信有灵魂存在并且一直于理智光亮之中生活的人，其身体已经到达神的国度，而且拥有了不死的人生。

布 加

那些想要钻研偶然性或者命运甚至物体运动等的科学家、哲学家，都随他们的便吧！不管他们讲什么，我只相信这世界上唯一存在的意志——这是我认知仅有的源头。假如有研究者告诉我荷马所创作的《伊利亚特》只是因为一堆字体排列在一起偶然形成的，我则会果断地告诉他们不可能，我不会相信这样的话，虽然除了不信我没办法说出任何原因，但我绝对认为那个结论是假的。

也许他们会说："那是你的偏见！"我会这样回答他们："哪怕是偏见，可你们所说的那些错误的认知和来路不明的研究，又怎么反驳我的'偏见'呢？我的'偏见'难道不比你们的认知更具有说服力吗？"

他们还会不明就里地说："灵魂与肉体根本不可能有两个源头。"可我想告诉他们："我的想法与草木绝对没有一点相同的地方。"最莫名其妙的是，那些学者一边随便编造着狡辩之语，一边却在对灵魂进行认知之前就已经将灵魂奉献给石头了。

卢梭

狗是不是也有抉择、记忆、爱、害怕、幻想、思索等能力，我不得而知，但假如有人告诉我，说狗的身体之内既无欲望也无情感，只是通过物质而组成的一具有机体，并自然进行无法自我控制的行动，这种说法我是不会认可的。不过我会思考，也会了解自己的思考。而会思考的物种和各种物质（就是由方向、长宽度的不一样所区别的范围）相融合形成的物体之间存在什么样的相同之处呢？

拉布吕耶尔

如果所有的东西都隶属于肉体，如果我内在的思索与他人内在的思索都是通过各种肉体组织所形成的，那么世界上某种与肉体无关的思想到底是由什么产生的呢？是不是在肉体最下层还存在着"灵魂"这样与肉体无关的真实的东西呢？为什么肉体会让人产生内在的思考？又为什么人们总是会愿意相信那些与自身肉体无关的思考？

拉布吕耶尔

形而上学是真正存在的，虽然它和科学并不是相同的东西。但它的存在，却是人类自然倾向的一种。因为人们的理智不断向前，完全不可阻挡，它几乎超越了人类空泛的欲念，从而感受到了一种对事物的特别需求，最终它所抵达的是超过科学实验或者其他所有理论可以回答的大问题。

　　这样拓展至推论、思考的理智范畴便是形而上学的内涵所在，对于已经达到这种内涵的人来说，它会在未来一直存在。

康德

　　要对灵魂与肉体的东西进行区别，不管是浅显的儿童心智还是深奥的圣贤思想，其实都是一样显而易见的。事实上，对于灵魂与肉体的争论并没有什么好处；因为这一争论什么也说明不了，只会把原本浅显、毫无争议的东西变得更加深涩难懂。

关于死亡

将死亡抛于身后的人生，与将生命看作慢慢接近死亡的人生，是截然不同的两种状态。

在我们的人生从物质范畴朝精神范畴迈进的过程里，是真的会产生对死亡的害怕的。但是那些最终真正迈进了精神范畴的人，却从此不会再感到害怕。

在你了解了死亡这层人生的外衣随时随地都有可能降临时，坚守正义、行走正道、听从天命这样的事就可以变得轻松自然：这个时候你可以对他人的批评、讨论、探寻坦然相对，完全不将其当成一回事；普通人所感兴趣的事对你来说已经变得毫不重要。

坚定地去把今天的工作做完吧！将属于自身今天的事毫不怨怼地担当起来吧！如此做的人会进入精神世界，因为他对纯粹化一的愿望坦然接受，而这个愿望便是"一切遵从神的旨意"。

马可·奥勒留

要经常想到死亡，如同对死亡的到来已经不再奇怪的存在者那样活着。

不管你对自己要做什么产生怎样深刻的困惑，只要你能想起今天可能就是自己最后的日子，那些困惑便可以全部立刻化解；什么是义务，什么是自我愿望，这些问题都会在瞬间让我们清清楚楚。

再没有什么事比这更真实的：那就是对死亡即将到来的想象，让我们自身的一切都通过它对自我人生的重要性来进行区分。将要面临着死刑的人会变得不再因为让自我更了不起，或者想尽方法保存钱财，或者想方设法博取好评，或者极尽力量攻占他国，或者探索全星球的存在等事件而冥思苦想了。在接受死刑的前一刻，他们总会竭力去安抚痛苦的人，或者将跌倒的老人扶起为其清理伤口，或者把小孩子坏掉的玩具修好等。

我热爱自己的院子，热爱阅读，热爱一遍一遍抚摸我的孩子。死去之后，这一切都会消失。所以，我不愿死去；所以，我对死亡感到恐惧。

很多时候，我的人生是通过即时的、庸俗的欲念以及自我满足感而组成的。因此，对即将要把我这些欲念割断的死亡，我怎么可能不心生畏惧呢？可假使这所有的欲念与自我满足从我心中产生改变，变成另外一种期待——就是对此刻的我和将来我要变成的样子尽天命地期待，那在这种期待不断累积之后，我对死亡的惧怕就会减少，而死亡的恐怖也将慢慢消失。假使我的欲念全部变成了期待，对我来说，我的人生便只有生而没有其他东西了，这样也就不会有死亡的出现。

将即时性的庸俗事物变换成永远的事物——这才是生命的真

谛，因为这是每个人都一定要走的路。但要如何去走？——当然是人人都心知肚明的事。

　　只对死亡进行毫无预兆的徒劳想象是没有意义的。当务之急是正视死亡，去认知它并在内心接受死亡正慢慢走近我们的现实，而我们又能够平静、愉悦地生活着。

善良

二月三日

善对内心来说就好比肉体与健康的关系，在我们拥有善的时候，它本身并不会清晰显现。

道德高尚的人不觉得自己拥有道德，这让他们更加能成为有道德之人；没有道德的人总念念不忘自己的道德，最终他们无法拥有真正的道德。道德高尚者绝不会夸耀自己，相反品行低劣的人却时时自夸。

拥有真正善念的人并不会刻意将它表现出来，虽然他有着真正的善行；不具备真善念者却充满了自信，不断将自己进行表达。

具有真正正义之道的人虽然一直坚守着自己应该要做的事，但在需要的时候也会将自我表现出来，只是不会刻意而行。而没有真正正义之道的人则时刻想着将自己的行为表现出来。

真正懂礼知礼的人在制定了规则之后就会亲自践行；而真正不懂礼知礼者如果制定了规则却得不到认可，他就会用强迫的手段让人去实行。

因此，只有失去了真正的道义才会产生道德，失去了道德才成就真正的仁义，失去了仁义才有了真正的正义，失去了正义才产生了礼仪。

所谓的礼仪的规则只是一切东西的遮掩，是让所有行为变乱的首因。

虽然知识是明理的精华所在，但也是变傻的开端。所以，君子所在意的是结果而不是虚饰，他们不要虚假的规则，而遵守真正的道义。

（这句话的原文："上德不德，是以有德；下德不失德，是以无德。上德无为而无以为；下德无为而有以为。上仁为之而无以为；上义为之而有以为。上礼为之而莫之应，则攘臂而扔之。故失道而后德，失德而后仁，失仁而后义，失义而后礼。夫礼者，忠孝信之薄，而乱之首。前识者，道之华，而愚之始。是以大丈夫处其厚，不居其薄；处其实，不居其华。故去彼取此。"）

老子

真正的德者是不断向前，一路坚守而行的，最忌讳有始无终。

中国金言

我们内在具有的道德特性犹如宝石一样：不管怎么变化，它都会始终保持自然之美。

马可·奥勒留

保持做善事吧！善良的生活是不会苛求他人赞美的——这种品质就是行善所赐予的最高评价；如果可以这样做善事，我们则会乐在其中。

当他人将幸福与我们进行分享时，我们的幸福也会因此同时得到增加。

边沁

我们一定要相互帮扶过上真正美好的人生，这就是说，上天很高兴看到我们大家都心存对生命的喜爱而相互帮助，而不希望看到大家一直沉浸在悲伤的黑暗之中。

罗斯金

就像光是植物幸福的来源，就像不可隐藏的植物绝不去追究自己生长的方向在何方一样，它们不会问除了光之外是不是还有其他的光会出现，从而只一味坚守这仅有的一束光，并全心全意地受它的引导——感受不到自我小幸福的人是不会产生自己要爱谁的疑问的，他也不会质疑是不是要爱现在所爱着的人，或者除了现在所爱的，自己是不是还会有其他的爱这类问题，只是一味将自己的一切都给了目前所有的，眼前所存在的爱。

除去将自己的心门对着朋友打开，不会存在其他的爱了。爱——唯有在进行付出的时候才会存在，在我们遗忘了自我，与自我所爱的人合而为一时——确实，只有这样的时刻，那才会是真正爱的存在，而且，唯有在这样的爱里我们才会感受到爱所回馈的美好。正因为人的内心产生了这样的爱，所以世界才拥有存在的理由。

再没有比培养善行习惯更能让人生完美的事了。

论理智

只有在真实中，人才是真正自由的，理智揭开了真相。

我们一定要牢记，理智者的特性是其生命顺应自然，绝不是与命运进行可耻的斗争（这是动物固有的特性）。

马可·奥勒留

不明白眼睛可以看到事物，所以从来不会睁开眼睛的人简直太悲哀了。同理，对自己的理智、坦然接受悲苦与困难的能力一无所知的人就更加悲哀。

顺应理智去生活的人，会将所有困难悲苦都自然接受，因为理智会让他明白所有的一切都只是暂时的，有的甚至可以由坏事转为好事。可就算这样，很多人还是不能正视悲苦，还是极力躲避它。事实上我们应该庆幸上天赐予我们的这种在遇到悲苦时还能坦然面对的能力，而且，对上天令我们的内心可以归属于自我可改变的事物——也就是理智的存在——我们应该心生感激，不是吗？

爱比克泰德

到大街上去扔一些吃的东西试一下，肯定会有很多孩子马上来捡拾，并且有可能会出现后来没捡到的孩子与已经捡到的孩子争抢起来的情况。可是大人就不会为这样的事而相互对峙，而且如果扔的只是食物的皮壳，哪怕小孩也会拒绝捡拾的。

拥有理智的人，对钱财、地位、声名的态度就如同小孩对食物皮壳的态度一样。当然，如果偶尔有真的食物被放于他们手中，他们也有可能会接受，但他们肯定不会因为一些无足轻重的小事而低声下气，或者相互抢夺的。

爱比克泰德

当理智的要求离我们而去，我们拥有的自由也将自然消失，我们会因此陷入自我欲望与他人的约束之中。真正的自由从来都是通过理智来获取的。

思想的力量

二月五日

　　每个人和整个人类社会完成的一切事情都有思想的开端。因为发生的人身上的事情不是上一件事，而是处于上一件事的思想中。

　　知道你不该考虑什么，什么事不需要去考虑，和什么事应该考虑是一样重要的。

　　一个人不会因为现状怎么样而发生变化，人们的幸福也不会因为自己在物质上得到更多或者回报增加而得到增加；肉体来自心灵的塑造，唯有思想才能让我们获得更合适的人生。

　　　　　　　　　　　　　　　　约瑟夫·马志尼

　　我们惯有的思维会在我们的大脑中，为我们所接触到的所有事物蒙上一层别致的装饰，这种思维是极其虚假的——它将会把自然所产生的至高真理进行扭曲。

　　通过我们惯有思维所塑造出来的环境氛围，对所有人都变成一层比我们居住的房屋还要坚不可破的物质，或者说它就好比一直驮在蜗牛背上的壳一样。

露西·马洛丽

　　我们的思维会因为自己的善念或者恶念而将自身带进天堂或者地狱；天堂与地狱不是在天上也不是在地下，而就在当下，就在我们每天的生活中。

露西·马洛丽

　　思想看上去似乎是自由的，但事实上在我们内心还有着可以约束思想，比思想更加强大的东西。

　　若想要改变自己或者他人已经在内心形成的生活状态，所要改变的绝不是与各种事件相对抗，而是要去针对让那些事件发生的思想。

激情

激情是把一个人抓得最紧的欲望，在这方面绝对无法用满足予以解决，当你越是想要填满它，它却变得越强盛。

现在让我们来了解一下奴隶是怎样迫切渴求拥有美好的人生的吧。首先，他渴望摆脱被束缚的现状，他会觉得唯有如此才能得到自由与美好的生活。他这样说："我一旦拥有了自由，马上就会变成特别幸福的人，我不用再去讨好和伺候主人，从此我就能够与主人进行身份平等的对话，完全不用征得主人的同意后才可以去想去的地方。"

但是，不管是不是摆脱了束缚，他绝对都会马上去找新的为自己提供吃住的主人，因为摆脱的主人不再负责他的生活，为了得到吃住，他就会尽量去做卑下的事情，从而再次回到比过去更加悲惨的奴隶人生。

当他重新进入人生困境时，他会想起之前的奴隶生活，并且会这样说：

"在伺候主人的时候生活还挺好啊！我不必想太多事就可以拥有吃穿，偶尔生病了还能有人来关心我，工作一点儿也不累。可现在的生活多么痛苦啊！过去我只有一个主人，现在我却有很多主人！为了让生活变得更富有、更满足，我究竟还要讨好多少主人才行呢？"

不过，这并不意味着奴隶已经有所领悟。为了自己的欲望可以达成，能够过上自己想要的生活，他会对所有困境进行忍耐。但在真正拥有想要的东西之后，他则马上又会感觉自己其实就是生活在种种的不快乐与不安宁中了。

不管怎么说，他的头脑是不够用的。他会这样想：假如我可以成为高高在上的将军，我现在的痛苦就不存在了，那时我将会是世界的幸运儿，得到无上的赞美。为此他当了兵，开始接受各种军人必需的训练，生活得如同犯人一样痛苦，他一再表示要上战场，生活过得一天不如一天。

假如想要将自己所有的痛苦与困难都清除掉，必须要进行实实在在的内省才行。也就是说，他必须要明白什么才是真正的幸福这个概念。一个人只有步步遵循自我内心的真理与善念规则，才可能最终得到想要的自由以及真正的美好生活。

爱比克泰德

一个人只有克服欲望，于平和之中存在才会滋生幸福的事件。

因为欲望强盛而沾沾自喜的人非常多，可因为自己具有超越情欲的能力而骄傲的人却很少。

你们最好对曾经热切追求过的事物仔细回忆一下，哪怕现在

对它们还没达到厌恶的地步，但至少会觉得有所不值吧。那么，你现在所热烈追求的事物也会在将来不久的时间里变成现在的结局。

你们最好再回忆一下，曾经为了获取这些欲望的达成，而为此错失过什么！这一刻如此，未来还会是这样。抵制自己的欲望是你们最好的选择，它也是对每个人最有利、最重要的事情。

自我完善

二月七日

完成自我既是精神世界的事，也是物质世界的事；一个人与他人进行来往，假如从不顾及自己与他人之间所产生的相互影响，那是没办法完成自我的。

世界上有三种诱惑会给人带来苦难，即情欲、骄傲、名利。它们所产生的后果，就是让人不断面临各种痛苦与灾难。假如没有这三样诱惑，所有人都会过上美好的生活。那么如何才能躲避这些"疾病"的侵袭呢？应该说躲避它们的方法非常不容易做到，因为疾病的根源就藏在我们的骨子中。想要躲避它们只有一个方法，那就是对自己的身心进行锻炼。这种锻炼完全不能凭借法律的帮助，因为大部分的法律都是人们为了自己的利益而制定的。这些制定法律的人与普通人一样，都会被这三种诱惑所引诱。所以，我们根本不能寄希望于法律。假如世界上存在一种真正善意的神圣规则，那它肯定是人的良心所制定的。

拉梅内

对那些因为无知而产生的恶劣行径进行剔除，不管什么时候开始都不会晚。

福音书中说："让你如同上帝一样美好吧！"它并不代表耶稣在对我们下达命令，让我们变成神一样的人物，而是告诉人们，只要不断努力，大家才能迈向像神一样美好的境地。

只有天之规则才堪称绝对完美，那些因为要领会该规则而倾尽所有心力的规则才是人制定的。能够不断努力而进行自我完善的人是圣人，圣人可以看清善与恶，他选择从善，对恶则远离。

孔子

不管我接受教育的程度如何，都可以最终走上聪慧之路。我只担心一件事情，那就是骄傲自满。至高境界的聪慧是非常纯粹的，只是人们对如此笔直的道路并不喜欢，而是愿意选择曲折之路。

老子

我们一方面要接受他人带给我们的恶之困扰（这是个人意志无法清除的恶），另一方面又要与自身所具有的恶相对抗，哪怕这种恶我们完全能通过自己去克服它——这种现实岂不是让人奇怪吗？

马可·奥勒留

如果我们能把那些用在探寻对社会制度进行改革、对财富分配进行研究的正确方法的时间全都用来进行自我完善，那我们的国度、社会、德行等各方面都会很快变成最好的模样。如果人们能够学会正确思考问题的方法，我们这个世界的美好程度就会变得如同现在的悲哀一样深厚。可即便如此，人们却不清楚那些可以帮助我们获取美好的真理，这是因为人们已经习惯了使用固有的那一套和国家、宗教相关的错误"真理"来行事。

露西·马洛丽

　　任何事所带来的伤害都不如用尽全力来获得自我肉体欲望的满足更为严重的了，相反，也没有任何事所带来的好处比通过完善自我内心世界更美好的了。

不谈论他人短处

二月八日

为什么人们喜欢互相责备。因为每个人在责备他人的时候都在想，他可别真像别人说的那样做了。也是因为这个，人们喜欢听别人的责备。

在两个人进行争论的时候，通常是两个人都有错的。只有当一个人承认有错时，争吵才能停止。

人都有责备他人的习惯，总是会关注他人的不足，这让自己对他人的怨恨越来越无法控制，使自己慢慢沉入顽劣的情绪中去。

佛陀

经常注意自己吧！批驳他人时要先自我反省、完善自身！

圣贤思想

随便出口的赞美与随便出口的责备是相同的，都会造成很多危害，自然，其最大的危害则是通过恶劣谴责所积累而来的。

罗斯金

不要进行莫名其妙的批评与毁谤吧！这样，由你口中所讲出来的言语才有可能变成正义的武器。

毁谤可以让三个人同时受伤，那就是被毁谤者、听到毁谤言论的人，还有毁谤他人的人，三个人中毁谤他人者所受的伤最为严重。

不要再毁谤他人了，去感受一下酗酒的人戒酒或者抽烟者戒烟的心情吧，那种感受会让你格外宁静。

战争的伤害

歪曲善恶概念的罪恶要比战争产生的物质罪恶大得多，这种罪恶会深入普通人、单纯的劳动人民的心中。

为了战争而引起的激情、各国百姓相互的仇恨、对军人荣誉的膜拜、对征服与还击的期望——这所有的一切让百姓善良的心变得麻木，让他们原本相互帮助的人性本能逐渐变成了最低俗的"利己"，然而这份利己心情却被"爱国"思想进行美化。这所有的一切也将百姓对自由的向往进行束缚，因为想要杀害对手的原始欲望以及害怕被对手所杀害的恐惧，百姓心甘情愿地臣服于专权者或者篡权者。这所有的一切又让对待宗教的心理变了质，从而让对基督教义信奉不已的人也以上帝的名义为杀人和强夺进行祈祷，感恩领导者的胜利——进而为了领导者，使大地充满冷酷屠杀，让无辜者悲伤不已。

亨利·乔治

孩子之间以笑脸相互看向对方时，总会希望对方可以在自己脸上看到愉悦、亲切的美好神色；任何纯粹的人都是这样。可是人一旦将自己视为国家的一分子，在面对敌国的百姓时，哪怕从未与之相见过却也心怀仇恨，并为了让对方受伤甚至致其死亡而开始准备。在百姓之间引起如此情绪与行为的人实在是大罪人！

不吉利的东西就是最好的兵器，对于智慧高深之人来说，兵器不是必需的，和平才是他们最向往的。假如被迫要使用兵器，哪怕胜利了也不会骄傲。

因为胜利而骄傲，就等于为杀人上瘾，杀人上瘾者是无法实现最终目标的。

（这句话的原文："夫佳兵者不祥之器，……故有道者不处。……不得已而用之，恬淡为上。胜而不美，而美之者，是乐杀人。夫乐杀人者，则不可得志于天下矣。"）

老子

"分而治之！"这对任何一个冷酷者都是名言，这里面有着他内心最深的阴谋。只有使国家与国家之间的百姓相互对抗，贵族与统治者才能得以持续存在。所以，希望将自由还给百姓的人，就一定要增强百姓憎恨的情感，除此之外别无他法。

亨利·乔治

战役是来自最卑鄙、腐朽者之间对权力进行争夺的状态。

谦虚是让人稳定的基础，有这样基础的人才可能将应该做的事完成。相反，人的基础会因为傲慢而不堪一击。

如果想要成为坚定之人，就要像水一样，失去阻碍物水会得以流动，遇到堤坝则会停止，当堤坝被打开，水便继续流动。将它放进四方形的容器中它就会变成四方形，将它倒入圆形容器内它则会随之变成圆形。这是因为水本质谦虚，所以无论什么东西都不如它重要，也不会超越它。

谦虚实际上就是认知自我沉重的劣习，就是不对自己的善良进行宣扬。

人越是深入地挖掘自我，越是了解自我的卑微。想要成为圣贤之人首先要学的就是谦虚。谦虚让我们认识到自身的缺点，从而增加自己的智慧。

伊凡·蒲宁

就好比水不会居于高处，不懂谦虚的人是永远不会获得智慧的。智慧和水都只向低处流淌。

波斯金言

圣贤者只为自己的行善力量不足而发愁，绝不会因为他人无法知晓或者误会自己的善行而发愁。

中国金言

圣贤者行善都是沉默无语的，哪怕不为人所知也不会难过。

孔子

大多数人的共同特点是虽然对自己的弱点不太关注，但对他人缺点的了解却再没有比对自身缺点知道得更多的了。

沃尔斯利

善而智慧者的首要特性是：他们很清楚自己的知识有限，他们了解会有更多人比自己还聪明，因此他们平时想得更多的是如何学习而不是教导他人。

一味想要教导他人者永远也不会将他人教好的。

罗斯金

对自我认知越多的人就越是谦逊。

对自我的能力充分认知吧，不怕看到自己力量的不足，只怕将它看得过大了。

用爱之规则去践行生活。

悲惨——特别是死亡与困苦，只会出现在人类将自我物质存在或者野蛮性存在的规则视为生活规则的时候。身为人类，当沉浸于欲望之中时，死亡和困苦才会以恐惧的面孔呈现。死亡和困苦不断涌现而要挟于他，直到他的生活走向仅有的一条道路。这条路就是按照神之规则用爱去践行的生活。

在健壮、快乐、迷恋、新奇感、记忆能力、劳动能力……所有的能力离开我们的时候，我们要怎么办呢？当太阳渐渐落下，生活仿佛失去吸引力时，我们该如何是好？人生没有了任何期冀的时候又该怎么办？麻木自我吗？难道变成一块石头？这一切只有一个答案——那就是将自我意志和神之意志相结合。当你内心安宁，对自我的境遇能够深感平和时，那么不管发生什么样的事，你都可以坦然接受了。做自己应该做的事，尽自己应该尽的责任，将其他的一切都交给爱之规则处理吧！哪怕神圣之爱并不存在，但至少还有适用的规则吧，不管怎么样，责任才是打开一切未知的钥匙，它能带着人们向前。

卢梭

　　责任的概念与自我享乐之间完全没有相同的地方，责任有着自己的规则，它需要用自身去区别。虽然我们认为将自我责任与享乐相融合，就可以让内心不再悲苦，可这两个方面依旧会保持独立，当责任没有被真正践行的时候，它与享乐也许会相互融合。放纵欲望的生活永远不会与美德并存。

康德

不朽

死亡在等候所有人——这是再确凿无误的现实了。可就算这样，人们却如同并不知道有死亡这件事一样生活着。

我们的生命是不是会跟随肉体的死去而最终结束？这个问题非常重要，可对这个问题进行思考的人却并不多。试想一下，我们真的相信人生会有永远吗？我们的所作所为是否合理又或者荒谬无聊？一切合理的所作所为都应该是建立在相信人生有永远这个基础之上的。

所以，我们首先要尽力去做的就是真正了解生命确实拥有永恒而不消亡的东西，有的人用尽一生为这个问题而追索，并在最终得到了满意的省悟。

帕斯卡

假如世界上所有的悲惨都无药可救，都无法得以善终，那这样的世界将会是多么可怖！如此我们的世界就成了一个专门让人类的灵魂与肉体遭受悲苦而存在的恐怖组织，也同样是一个无法对它定义的邪恶世界了。因为它的存在完全不以未来的善果与美好为目标，它所有的就是漫无目的地施行恶念。这样的结局，只会让人类痛苦。这样的世界规则非常卑劣，所有的期望都是骗局，所有的道路都布满阴谋。

但是，只要神与永恒是存在的，那一切都变得不同了，我们可以在恶中看到善的存在，于昏暗中找到明亮的光线，用期冀将绝望赶走。

以上两个假设中哪一个会更真实一些呢？不管怎么说，人是具有道德的动物，不会因为眼前的不足而满足，人类总可以在各种冲突之中找出一条路来。如果神与期冀都不存在，人类就会忍不住咒骂这个世界包括自我的存在。相反，假如神与期冀都是存在的事物，人生则会变得美好，世界也会因此而形成拥有道德的组织，并可以不断让美好与神圣得到增长。

伊拉斯谟

人类对自我人生了解得越是透彻，就越不会相信死亡所产生的全部消亡。

我们经常会用心去思考死亡和临死时的感受，但这与对神的想象一样丝毫不可靠。我们所能够相信的，就是将死亡看成神所滋生的所有事物中的一种，它是隶属于"善"的存在。

那些在人内心所产生的各种感受与省悟之源头，不管怎么说，都应该是很伟大的东西，所以它肯定也是恒久的东西。

西塞罗

只有从没对死亡进行过认真思考的人才会对人生永远持怀疑态度。

读懂宗教的含义

二月十三日

宗教对每个人来说都是一个明确的哲学。

真正的神之旨意就是让所有人过上善良的生活。所以，假如我们的生活不是善良、纯洁、谦逊、完美的，却想去逢迎神之旨意，那就是一种对神的欺骗，是对神的虚假进献。

康德

基督教教义的特点就是不将道德上善与恶的区别看作天与地之间的区别，而是将它看成天堂和地狱的不同。这样的形容让我们惊诧，但这种特点的含义于哲学而言是可信的，它提醒我们善恶不可能同时并存，也不能像白天和黑夜一样交替运行。这就说明，基督教教义告诉我们善恶之间是有如同深渊般不可跨越的距离的。

康德

那些最古老的看法，对抽象事物来说往往是最正确的看法，因为所有健康者的聪慧都可以很快与它相接触。

莱辛

宗教就是简单化地直接面对内心的智慧，智慧是被理智认可的宗教。

人类在其所谓的宗教中产生教育的规则、政治、世界、经济以及文艺等。

不要以为在神的规则中有些法则是自然存在的（比如不杀、不怒、不淫乱、不以暴治暴等），因而我们才必须要去遵守。相对来说，我们可将一些规则看成是出于自我内心的感受而必须要遵守的，因此这些规则就是神之规则所存在的。

康德

"对将来完全无所知，也不知道未来会是什么样，在这样的情形中，我们到底要如何继续生活下去呢？"

但正是这种对将来无所知的现实，才让我们拥有了真正的人生，我们对生活进行开创，完成了神的旨意。神对此了如指掌——唯有这样的人生，才可以为我们对神和神之规则的信仰进行证明。

哲学思考的光明来自宗教，而宗教的真理则于哲学思考中得到确立。所以，我们要认真地去认知那些拥有宗教思想的人以及对哲学有着明确洞察能力的人（不管它是现代的还是古代的）。

神的本质

二月十四日

神之心是藏于人之内心深处的。

理智（睿智）向来只属于拥有道德的人，当我们在自我内心看到理智时才会成为有道德的人。美善之人生需要理智的光芒，而理智的光芒同样需要美善人生，它们之间相互依存。所以，假如理智无法辅助美善人生，这样的理智就不是真正的理智，而我们的人生假如无助于心灵，那也不会是美好的生活。

中国智慧

一位富翁和一位公主结婚了，为了让公主高兴，富翁为她修建奢侈的房屋，购买名贵的衣服，派了数以百计的仆人管家伺候她。可是，所有的这些却无法让公主感觉到满意，她的人生没有丝毫意义，她总是在想自己出生的地方。我们的灵魂也是这样，庸俗的所有享乐都没办法让它满足，就好像公主想家一样。我们的灵魂总在思念它的源头，原来灵魂正是上帝的女儿。

《塔木德》

哪怕人们不明白什么是善，但在所有人心里依旧会有善存在。

孔子

塞内加是古罗马的一名圣贤，基督是谁，基督教教义是什么他都一无所知，但人生在他的理解中却和基督所理解的一样。在给朋友的信中，他这样写道：

"柳滋里我的朋友，在我们不断为着灵魂美善的完成而努力时，我们所做的事情是如此尊贵，我们所收获的美好如此纯粹；只要肯用心，所有人都可以达成这件事，都可以拥有这种特别的气质。我们不用对着上天请求，也不必因为要让神听到我们的请求而在寺庙住持的同意下去神的耳边说话。神一直在我们每个人的左右，不，应该就在我们每个人的心里！是的，我认为就是这样的。我们的灵魂内拥有着伟大的精神，它可以证明一切的善恶，更可以守护善恶。他和我们共同前行，也可以说我们一直跟随着他前行。只要我们将他看成重要的，他就会一直珍视我们的存在。"

"那些幸运与悲惨都要依靠神的辅助才能超越，我们所有重大的决定都来自神的帮助。"

"任何美善之人，其灵魂深处都会住着神。"

就好像我们一直看不到灵魂一样，神也是我们所看不到的。不过，我们能从神所创造出来的事物中看到他的存在。我们要对自我内心伟大的力量进行认知，这力量就是内心深处创造力的呈现，通过我们向着理想状态的虔诚努力获得表达。

塞内加

  我们所有人的灵魂深处都是与神同在的——随时了解这个事实会让我们远离邪恶，与美善相近。

世间存在自然的朴素，也存在富有智慧的朴素，两者都会产生爱和敬。

人生大多数的问题都有办法解决，就如同解代数方程式一样，这样的解答就是一种纯粹的表现方式。

纯粹最能吸引人的内心，儿童与动物可以吸引我们的原因正是因为它。

对人类在社会生活中所产生的相互之间的矛盾类型，自然是无法区分的；它不会对有地位或者富有的人特别照顾，它将灵魂的物质公平分给所有人，越是纯粹的人往往越能彰显自然的美善情感。

莱辛

讲很多美好装饰的话，摆出一副娱悦他人的面孔，这样的人鲜少有真正的道德与爱。

（这句话的原文："巧言令色，鲜矣仁。"）

孔子

真话往往比较纯粹，总能让所有人都明白，同时又深具内涵。

东方金言

纯粹是个人对自我价值的认知。

阿斯特

纯粹往往是所有情感进入最佳状态的证明。

达朗贝尔

最好远离所有修饰的、荒诞的、太过引人注意的东西，只有纯粹才会让人和人之间相互接近。

物质与灵魂

二月十六日

年轻时人的思想相对浅显，认为自己的人生本质在于物质。但随着年龄慢慢增长，对事物的思考逐步加深，人们就会开始了解自我以及所有人生活的源头在于灵魂。

我们纯粹的人生绝不只局限于这一刻所享有的表面的物质生活，除了它，我们有必要经常想到自我内心深处还有另外一种不同的生活存在——这就是灵魂的生活。

物质生活对我们来说就如同造房子时的鹰架，鹰架一直支撑在那里，直到房子真正造好，它才不再被需要，这时，鹰架必须要被拆除。我们物质的人生同样如此，物质的必要之处就在于，它能够让灵魂生活得到建立，当灵魂生活最终被建好，我们就不会再看重这物质的生活了。

当建筑物最开始在地面上被建立起一小部分的时候，鹰架必须要保持牢固，看上去既强大又壮丽，我们会认为最重要的应该是鹰架而不是我们所要建立的建筑物本身；在我们将物质看成人生的重点时，我们也会产生相同的感受。

安静地观察天地吧！不管是山峰还是河流，以及各种不同的生活，或者天然出现的事物，所有的一切都会面临消亡，是的，所有的一切都会成为过去式，在我们明白了这个现实的时候，我们会有茅塞顿开之感，这时我们自然也就有可能认知有关永远的事物。

佛陀箴言

建筑、山峰、天空的博大让我们惊叹不已，我们使用惊人的数值对它们的面积、容量、重量进行猜测。可是这看上去博大无比的一切与对这些一切明了清晰的"那一位"相比较，它们就变得无足轻重了。老子说得很对：天地之间存在的最为宏大的事物往往是无法看到、无法听到、无法摸到的。

会死去的不是你本身，而是你的外在肉体，能够存在的不是你外在的肉体，而是那藏于肉体之内的灵魂。使你的灵魂看透人生及人类的不是你的外在肉体，而是外在肉体活动所带给你内在灵魂的感悟，它让你拥有了感受、记忆、预测，更掌握了你的行动，引领你的行动。就好比外在肉体被看不到的力量所支配一样，整个宇宙也会有一股看不见的力量来操纵并存在着。

西塞罗

我们经常误解，认为外在肉体才是最重要的东西，如果我们可以将这自欺欺人的想法抛开，我们就可以马上领悟到自我真实的使命，从而去顺利地完成。

平等

二月十七日

　　生活在这个世界的所有人都具有享用自然资源的权利，还有对他人尊重的权利。

　　因为基督教的内质被极度扭曲，从而只有小部分人甚至已经没有人可以对其产生真正的信仰与完成，我们为此惊诧不已。基督教的特性就在于它是以为所有人类的真正平等奠定基础为出发点的，还在于它告诉所有人大家都是上帝的儿子，皆为兄弟，可以共同享受神圣的生活。真实的平等不只是可以将阶级、身份、私有物等铲除，同样也追求铲除暴力——造就不平等的最严重利器。平等不是我们想象的那样，它不是通过社会制定标准并达成的，它只能通过对神、人的热爱，从而产生平等；这种热爱不是来自社会标准而生成的，它的培养来自真正的宗教教义。

　　普通人认为自在、平等、博爱是能够依靠可怕的处罚或者暴力而产生的，事实上这样的想法何等愚昧；这只代表着那些人所采取的方法并不可靠，但它不代表这样的想法是不可实现的。

人人平等在很多人看来是不可能的，因为某些人总会比某些人更强壮、更聪明。可如同利希滕贝格说的那样，就是因为一些人比一部分人更强壮、更聪明，大家拥有平等的权利才格外重要，假如在智力与体质之外还有不平等的存在，那弱者就会受到强者更大的伤害。

对于基督教国家的百姓生活，我们必须要总结一下。在这些人当中，有的人一生都做着没必要的事情，或者做出了犯罪这样有失理智之事，也有些人每天沉浸于吃喝玩乐的生活，他们让很多不公平得以滋生；这些人虽然对基督教规则进行倡导，可实际上却在非常冷酷的、明显的不平等中生活着，所以他们的平等是戴了面具的。

孩子的生活中才会有真实的平等，其他人都没办法与他们相比。相反，成年人正在不间断地对孩子心中这种伟大的情感进行践踏。他们告诉孩子，在这个世界上是一定要区分君主、富人、贵族的，同时还会有得不到他人尊重的奴隶、劳役、乞丐。这些成年人实在罪大恶极呀！

不要认为平等是不存在的，也不要觉得它只存在于遥不可及的将来。向孩子学习吧！你马上就可以得到平等！这绝不是由社会举措或者规则得来的，而是由生活和个人人际关系获取的。假如我们能够像孩子般带着博爱和温暖去与人交流来往，对任何人都不偏不倚，不对自己眼中神圣或者富有的人趋炎附势，对低微的人也保持着应有的敬意，如此我们就实现了平等。

舍弃

二月十八日

每个人都有自己的掩盖层，掩盖自己心中的上帝。人越是展示自己，越是可以展现出心中的上帝。

我们一定要一心一意地爱神，在内心鄙视小我。

帕斯卡

越因为自己而费神，心里想的越是自己，这样我们就变得越加脆弱，自身受到的束缚也越多。相反，若能不那么看重自我，能少关注一点自己，我们就会有更多的强大与自由。

如果能进行自我否定——对自己思想意识的否定，如此任何事都可以得到自然的解决了。

能够对他人进行教导的话只能在懂得自我否定的人嘴里讲出，而且也是最让人依赖的。

也只有对自我进行否定的人，才会真正看懂真理。

《塔木德》

不在已有的事物、自我名誉或者自我物质中来看待生命本身，才可以对人生产生真正的了解。

佛陀

假如一个人对自我否定的生活不能进行勇敢尝试，他便没办法对这种自我否定的生活结果进行评论，也完全没有去评说它的权利。但在我看来，也不会有哪个智慧而真诚的人会大胆否认自己面对偶尔出现的自我否定与自我超越，其身体内在与外在所产生的珍贵感受。

罗斯金

如果我们在讲话的过程中想到自身之事，那思想就会被打断。唯有将自我忘记，从自我中真正走出来，我们才可能与他们进行真正的来往，才可能为他们出力，才可能对他人造成影响或者感染他人。

劳动

二月十九日

觉得自我可以不参加劳动的思想是罪恶的。

最能让人变得尊贵的非劳动莫属。忽略劳动，我们就无法保证个人存在的价值，那些每天好逸恶劳、无所作为的人之所以分外注重外表就是如此。在他们看来，假如失去外表的完美就会被他人看不起。

对那些并不需要自己劳动就可以得到充足物质享受的社会人群来说，想让他们对宗教意义进行真正的了解，让他们变得道德神圣，从生理方面就是做不到的。

罗斯金

对生命的事情，没有人是有特权或者优先权的，这完全不可能有；但生命的义务没有局限，排在人们所有不容推卸的义务之首的就是参加到为自己以及他人生活而必需的与自然对抗中去——如果我们想要真正了解这些，就要毫不迟疑地去认知真理并进行自我省悟。

人类拥有很多种单纯的愉悦，其中进行劳动之后的休憩便是其中的一种。

康德

不管穷富或者健壮、软弱，只要是不参加劳动的人，都可以被称为恶棍。所有的人都要学会用手做事，只有进行劳动，才会从这个过程中体会到内心最纯粹的愉悦；工作越是沉重，付出得越多，在得到休憩时才会越快乐。

俄罗斯谚语

对闲散人群蔑视劳动的成见要进行清除。

蒙蒂新

保持不懈的勤劳吧，不要将劳动看作痛苦，同时也不要将劳动看成获得他人赞美的期许。你所能期待的，应该是所有人的美好。

马可·奥勒留

我们在他人身上获取的不应该是他人不断给予的，正义是这样要求我们的。因为不论是自身还是他人的劳动都无法进行权衡，而且，我们很有可能在未来的某一天不能再进行劳动，从而必须要依赖于他人的劳动成果。所以，为了避免成为不公平的人，我们平时要尽量多劳动而少索取。

进步

人类真实的提升表现在宗教的提升之上。

信仰的意义在于为人指引方向。信仰需要用到的东西正慢慢变得简单、易懂、明了，而且慢慢和学识进行结合。在信仰越来越简单、明朗的时候，人们相互之间的结合也越来越紧密了。

假如有人觉得我们现在对宗教的理解已经非常全面，我们完全可以就此止步，这只表明他离真理还很远。光明不是需要我们持久注视才存在的，它就是为了对我们身后所隐藏的真理进行启示才存在的。

弥尔顿

世界上的主权者虽然总是用尽所有残暴的手段将基督精神打破，但它却依旧遍地存在。难道福音书中传播的精神还没有在民间渗透吗？百姓们没有逐渐看清光明吗？人们对于权利和义务的了解不比之前更加清楚吗？人们难道听不到周围要求法律更加严明、弱者需要保护、制度公正平等的呐喊吗？一直横在人们中间的敌对情绪还没消除吗？人们真的感受不到天下皆为兄弟的亲和吗？不，专权的暴君好像早就在自己的心里听到了那些关于他们将要消亡的预言并为之颤抖了。因为恐惧的幻想一直威胁着他们，他们不断颤抖，不断用力拉紧套在百姓身上的枷锁。耶稣则是为了让百姓获取自由才来到人们中间的。

很快，枷锁会掉在地面，它落在地上的声音会将专权者的梦惊醒。在世界上一些极为私密的地方，有些工作正慢慢被人们完成，这是专权者所无力看到的，而且这项工作完成所带来的结果使专权者产生极大的恐惧。这项工作便是博爱的萌芽，它在慢慢成长的同时会将人类黑暗消除，同时让弱者的人生得到重生，对陷于悲惨中的人进行抚慰，将陷入因牢者的锁链彻底切断，为全世界人类指出一条全新的发展之路——那就是让人类互相爱戴而和平的内心规则。

拉梅内

人类所有的提升皆是以宗教提升为基础的，而宗教的提升绝不是指对宗教教义产生新的发现，或者是对人类、世界以及上帝（一切的根源）之间的关联的发现（肯定没有新的关系发现的，也已经不需要什么新关联了）。这种提升是指宗教领悟之外的一切其他事物，完全没有宗教的新教义。在我们的睿智得到进一步提升之时，我们就能更加清醒地将世界、人类、上帝之间的关联在今天进行全新的建立。如果宗教真的有提升，它绝不是新教义的发现，而是在已然明了的事物上对其灰尘进行清扫。

我们所讲的宗教是生活于不论什么时代、什么样的国度中的优秀先知们所总结出来的最容易理解的，其他人类无可选择并自然靠近的东西。

　　真正宗教思想上的提升，是不能和日常技能、科技或者艺术的提升相提并论的。哪怕在像现在宗教正出现逐步后退的情形下，技能、科技、艺术方面已经表现出了更大的成就来，但是，如果它们能与宗教保持共同提升，其成就必定会更加宏大。

　　如果想要在宗教上获得真正的能力，就必须要先将各种迷信清除，向自省的明了境界前进。

素食

二月二十一日

过去的时代中出现过人吃人的情况，后来的时代虽然不再如此，可依旧延续着人吃肉的习性。现代人正在合理地遵从自然，学习慢慢改变这一原始习性。

所有用保护儿童、动物为口号的群体，虽然大多数时候都将吃肉看成自己试图通过刑罚来阻止冷酷行动的理由，可他们对吃素者所表达的冷淡行径又是如此莫名其妙。对爱之规则进行遵从，要比对刑法进行遵从来得更强大、更有力，更能阻止冷酷的行动。出于泄愤而实施的虐待或者戕害行径，和为了吃肉而对动物进行虐待与残杀的行径，这两种情况并没有什么不同。

露西·马洛丽

吸烟、饮酒、吃肉总是成套的恶习，这三种行为都会为自己带来悲惨与穷困。人如果沉陷于这样的恶习之中，被物欲所操纵，自身明了的智慧和美善的情感则都被扼杀了。

希尔斯

有人觉得针对动物所进行的所有行为都与道德没有关系，这样的思想是不对的。也有人只在嘴边挂着道德，但却觉得自己对于动物没有任何责任，这样的思想也是不对的。人们在这样的错误意识中表现出了自身恐惧的残暴性与粗野性。

叔本华

某个旅行者来到非洲，他到的地方正好是食人族吃人肉的地方，食人族对旅行者解释说，对他们而言，相比吃其他动物的肉，人肉更为受重视，因为人比动物要干净，他们一天要洗三次澡。

"太恐怖了！"旅行者面对着食人者的食物，禁不住脱口而出。"怎么会，在肉里放点盐会很好吃呢。"食人者的首领却轻松地说。

"太恐怖了！"当食素者在人类的餐桌上看到那些牛、羊等动物的肉的时候也会这样脱口而出吧。"怎么会，在肉里加点盐会很好吃呢。"食肉者们不就是这样告诉食素者的吗？这些人与那些食人者有什么不一样呢？他们都对被自己吃下去的肉体之痛苦视而不见。

露西·马洛丽

人们之所以要杀戮动物，吃它们的肉，就是因为一直相信动物的存在就是为了让人更加便利，所以对动物进行杀戮一点儿错也没有。可这并不是真的，哪怕有些书里已经记录了杀戮动物并不是犯罪的事实，但在人们的内心却很清楚，对动物要进行爱护，就如同爱护人类一样；只要我们还保持着正直的良心，我们就会明白这个事实。

　　假如你已经决定不再吃肉，就不要轻易改变信念，哪怕朋友、亲人对你攻击、责备与嘲讽。如果所有人都能够吃肉，这真不算什么事，吃肉者也不至于受到食素者的非议了。吃肉的人内心其实根本得不到安宁，因为他们明知自己吃肉并不对的事实，但他们却没有办法让自己远离这种不对。

智慧之道，永恒之道

二月二十二日

所有能够说明白的话都不可能让我们内心获得满足，我们所领悟的不可言说的神之事务才是所有人都不可缺少的事务，唯有它才可以让我们获得生命。

能够说出来的"道"（聪慧、理智）并不是亘古不变的"道"；能够表达的"名"（存在）并不是亘古不变的"名"。

（这句话的原文："道可道，非常道；名可名，非常名。"）

老子

我们心里有一个包括了世间万物的"存在"；它的存在是没有具体形象的。有的人将它称为聪慧、美好。但这个"存在"自身是没有任何名字的，它的存在如同天涯一样远又好比眼前一样近。

老子

神的存在是没有尽头的，它在我们心里约束我们的正直。

马修·阿诺德

神是我们所理解的自身只是其中一部分的"整体"形象。

总是追问神在什么地方是很傻的。神就在大自然之中，在所有人的内心深处。虽然人们的信仰各不相同，但神只有一个，如果人们连自己也不了解，又怎么可能知道神呢？

印度智慧

曾经，我在这个世界是并不存在的，有一天我突然出现了，我来到这个世界并不是自我意愿所为。同理，此刻在这个世界生存的我也不知什么时候会消失，这是我们自身力量所不能抗衡的事。我的存在是因为之前便存在于天地的我而出现的，在我消失之后它依旧存在着，而且有比我们更加强大、全能的力量会在我消失后出现并存在，我会依靠这力量而持续存在于天地之间。事实虽然如此，可我能听到有的人在传说天地之间的神这种东西事实上并不存在。

拉布吕耶尔

假如一个人从出生开始便一直被封闭于磨石玻璃的空间中生活，他有可能会将太阳也看作磨石玻璃，这就是说，他会自然地把将阳光引入生存空间的东西来为太阳进行命名。同理，福音书中是称呼神为爱、聪慧，或者是领悟的，这也是因为那些极高智慧或者极高能力才是引出神之存在的，所以他们便会用这些来称呼神了。

唯有走出封闭的空间，被封闭的人才能明白太阳和引进太阳光芒的玻璃之间的区别。同理，只有将对肉体、物质的束缚清除掉，人的内心才会真正与神相通。

但在对肉体、物质之束缚进行清除的过程中，人类对自我理智的评价最高，在他看来神也会是理智的，从而将神称之为理智了。假如是对爱的评价最高，那神则被称为爱。

对于那些对自己的理智与爱都不相信的人来说，他们心里必然是茫然的，而且会乐于相信各种不同的权威，从而将各种权威或者某个人称为神。

斯特拉霍夫

人在随着对神逐渐地接近而发现神不断地变化。

社会人生

如今的社会不但不符合良知的需求，也不符合理智的需求。

很多追求事业的人总是对当今社会制度的合理与便利这样认知：可以让大部分失去秩序的百姓进行相互争夺，对孩子和老人进行虐待，让他们沉陷于困顿之中，利用这些没有秩序的劳动群体来滋生各种并不需要的东西。对那些失去组织的劳动群体，可以招之即来，挥之即去，甚至随便将他们饿死。

罗斯金

你应该尽量去想象一下在麦田里停留的鸽子们。它们中的百分之九十以上都不会只捡自己爱吃的食物或者只寻找自己需求的食物进食，它们会努力把可以寻找到的食物找出来，但自己却只吃一点麦壳，那些储藏的大量食物都是它们为了自己虚弱的同伴而保存的。在它们与自己虚弱的同伴共享那些食物时，虽然会一边吃一边撒落，看上去并不珍视食物，可它们却会因此满足不已。假如有哪只鲁莽的饥饿的鸽子敢去抢食这些食物，它们就会马上一窝蜂地涌上去，将那只鸽子打得落花流水。

假如你可以看到这样的情景，那就应该对我们的社会生活以及不断持续着的事物而感觉到颤抖吧！

佩利

我是否可以做到淡然地看待人们是如何利用自己的智慧去和他人争吵、设圈套、欺骗和背叛。我是否可以忍住眼泪看待善恶之本已被遗忘，或者不如说是还未知。

大地、太阳、动植物、矿藏以及各种自然所赋予的能力都是我们才开始运用不久的，在这些东西里，有着可以让我们得到一切物质满足的无穷宝藏。大自然是不会沉沦于贫困之中的，哪怕它受到了伤害或者已经衰老，都不会为此而沉沦于贫困之中。因为人类就是自然而生的动物，只要不被贪念所侵蚀（贪念是让人类慢慢走向贫困的根本原因），家人之温情、社会之帮助便能够让那些陷于不幸之中的人得到生活所必需的东西。

亨利·乔治

当文明慢慢向前，关于对社会事务以及改善人类生活的事，便不能再通过少数人来进行决定了，而是需要生活在这个世界上的所有人一同决定。我们若要将所有的社会事务都交与政府进行处理，那将很难得到理想的结果，这就好比不可以将有关政治经济的问题交到大学教授手中进行研究一样，社会上的每个人都应该共同思考，因为最终实施的人还是人民。

亨利·乔治

对我们而言，不管社会文明看上去有多稳定，它的破坏能力却在日渐变大，我们的社会在培养着一批犹如匈奴或者凡尔达人一样野蛮的群体，他们并不是在没有人生活的偏僻乡间，而是在繁华的都市建筑之中，或者是人潮如织的大街上。

亨利·乔治

变革应该是为了百姓而且一定要由百姓来操作完成的，可现在的变革却像是为了某一个阶层而出现的，也最终只为其所得，这样的话，这种变革不过是从一种罪恶转变为另一种罪恶而已，它对百姓是没什么意义的。

约瑟夫·马志尼

人类的存在是具有理智的，可为什么世界上大多数人都不会循着理智行走，而一定要与暴力同行呢？

真谛

二月二十四日

真相必须善意表达。

用善良之心所讲出的真谛才会被人听取，不然不管你说得多么动听而真实，也没办法传递于他人。所以你应该明白，你所说的语言，最终没有被他人接受，不是你所讲的事实并不是真谛，就是你的善良还不足够，或者这两个方面都不足。

传递真谛的最终办法就是抱着一颗慈善之心去诉说；当话语在慈善者的口中所讲出时才最能感化他人的心。

梭罗

用真情实感说话和写一手好字、做一手好手工是一样的事，只要多加练习、多去操作就可以达到，它们都可视为技术问题。与其将它看成意志，不如将其看成习惯。所以，如果想要用真情实感来说话，自己就一定要习惯真谛。为了可以做到这样，不管面对多小的事，自己也不可以说一句虚假的话。

马可·奥勒留

当我们在他人面前习惯了戴假面具时，就会变得在自己面前也习惯性地戴起假面具来。

拉罗什福科

说实话，唯有自我的根本想法才可以对真谛与生命进行掌控。因为唯有自我的根本想法才会洞晓其实际意义，而由书中所学来的他人想法却如同在别人桌上吃到的剩饭，或者是他人所穿过的衣服一样。

叔本华

假如一个人在真谛跟前却依旧对其视而不见，却错误地将虚假看成真谛而自我不能觉察，这样的人一辈子都不会知道自己应该做点什么了。

为了真谛而热爱真谛的大智慧者，从来不会为了将真谛据为己有而自寻烦恼，反而会在任何遇到真谛的地方都心怀感激之情而接纳于它。在真谛显现的地方也不会贴上个人的任何标志，因为这种真谛从遥不可及的过去到永远的未来都会属于他所有。

爱默生

真谛肯定不会将人打造得罪恶或者自负，因为真谛所表现的总是温良、谦逊、纯粹。

论祷告

祷告意味着要认识和记住永远的、无限的神之规则，同时把自我过去和将来的行动都放进这一规则之中进行约束，可以说经常这样做是有利的。

在进行祷告之前，最好要先对自己内心思想是不是集中进行反省。如果无法做到集中，就不要进行祷告。

随意的习惯性祷告是称不上真正的祷告的。

《塔木德》

祷告原本是可以对我们的弱点进行保护的，我们为什么要躲避它呢？它是使我们靠近神的一种精神上的付出，它是通过对自我反省而开始的一条自在道路。

祷告可以让我们与神靠近：如果我们发生了任何变化，那都不是神所造成的，而是由于我们自身慢慢靠近神才发生的。

我们与神越是靠近，就越能够了解向神进行祷告的一切都在自己内心得到满足。

卢梭

不管怎么样，人有祷告的需求，这是很早就被认可的事实。

古时的人进行祷告是在特定的事件、环境、动作、祷词下进行的，他们为了让神赐福并同时求得内心的安宁而进行跪拜（不管是对一个神还是多位神）——哪怕是现在，很多人还是会这样做。

不过基督教是不会这样教人祷告的，它告知大家，祈祷不是将世间的不幸摆脱掉的方法，也不是得到世间的平安圆满的方法，它是为了让人增加自身与一切罪恶进行对抗的手段。

祷告的本质就是将俗念清除，超越那些可以诱惑自身认知的事物，从而将自我内在和神相通的灵性唤醒。基督已经把最有效的方法告诉了我们，那就是独自去到内屋，将门窗关闭。其实，不管是内屋还是林间又或者是田野之中都不重要，重要的是要在有独自的空间时才可以进行祷告。

祷告的本质就是要将世间的俗念抛开，将自我内在神的部分叫醒，通过灵性让自己与神进行交流，并明白自我不过是神的使者，从而在内察自我灵魂、行为、欲望时，不以世界所展现的已有条件为根本，改以自我灵性（内在神的部分）为依据。

这种祷告才不会造成像社会上通过音乐、绘画、灯火、设道场等种种无益行为而产生的感动或者激动。这种祷告对内心是一种救赎，可以让内心稳定，提升内心。这种祷告是一种人生忏悔，是对过去所做所为的反省，同时是对未来行为的指引。

自我祷告的词语——即自己对神说的话和态度的表达——要

经常变化才好。人是处于不断成长与变化之中的，所以对神所讲的话也同样会有所改变，也就是变得越来越明确，而祷告也必然要产生改变。

慎言

二月二十六日

在与他人进行过长时间的谈论之后，你应该对这场谈话进行一次回想，这时你会惊讶地发现，你们所谈的大部分，不，甚至有时是全部的谈话都是没有意义的，不必要的，还有的是罪恶的。

愚昧者最好保持沉默，但可以了解一件事的人不会是愚昧者。

萨迪

假如有一回因为没开口说话而后悔不已，那么就会有一百次为没有闭口不语而后悔。

真话从来不动听；动听的话并不真实。

善良者从不爱争辩；爱争辩的人都不会是善良者。

智慧的人不是学识渊博者；学识渊博者不会是智慧的人。

（这句话的原文："信言不美，美言不信。善者不辩，辩者不善。知者不博，博者不知。圣人不积，既以为人己愈有，既以与人己愈多。天之道，利而不害，圣人之道，为而不争。"）

老子

动动手进行操作，对避免闲谈这件事来说是非常有好处的。

假如要想变成聪慧之人，最好要学会在适当的时机进行提问，认真倾听，从容答辩，特别重要的是在不是非说不可的情形下要学会保持沉默。

拉瓦特

人们在因为一些事进行不断争论时，就代表他们自身对这些事也并不了解。

伏尔泰

哑巴的舌头要强过骗子的舌头。

土耳其谚语

在你要说一句话的时候，最好先想一下这句话是不是非说不可，是不是有说的意义，是不是会给某个人带来伤害。

富者少仁慈

二月二十七日

只有献身才算真正的慈悲。

这里所说的跟随耶稣，其实就是用真实的行动来向耶稣学习，这是一种什么样的真实行动呢？就是对他人的仁慈。假如那个青年人过着富足的日子，却不肯把自己的钱财拿出来分给穷困者，他的仁慈又如何体现呢？假如仁慈强烈到已经超越了口头上说的程度，它就会自然变成真实的行动来表示。富有的人想要用真实的行动表达仁慈，就要将自己的财富抛开。

圣约翰·克里索斯托

真正拥有仁慈的人大多数都不会变成有钱人，而有钱的人则绝对仁慈心不足。

中国谚语

富有的慈悲者从没有想过，自己向穷人施舍的东西实际上就是从其他更穷困的人手中掠夺而来的。

有钱人即使向贫穷者施舍，也是趁机从中收获满足，他们的生活同样会富有而奢侈，但对普通人则会造成伤害。他们从没有想过因为自己的拜金、生活奢靡，以及对贫穷生活的轻视，才让穷人越来越堕落；穷人从而错误地认为财富才是这个世界上幸福的唯一标准，所以财富才是他们首先要获取的。

伊凡·蒲宁

　　富人不容易做善事，富人想要做善事，就要先把自己的财富抛开。

艺术是团结人们的手段之一。

不管多么精练的艺术，假如与道德理想远离，只沉浸于自我满足之中，那么它最终只能供娱乐他人而用。对这样的艺术进行追求从而麻痹自我，事实上就是对内心某些不满的压抑，不过这样做只会让自己陷入更无益、更深的不满之中。

康德

既作为富人的奴仆又要拿穷人进行愚弄的艺术是不会永远存在的。

莫里斯

艺术是一种非常有力量的鼓吹手段。当然邪恶的（越是邪恶的越容易被鼓吹）、慈善的都能进行鼓吹。对于艺术所产生的鼓吹，我们要比对其他方法的鼓吹更加引起注意。过去宗教就曾经害怕艺术的影响力而对其有所排斥，这种做法并不是没有道理的。

艺术与科学的意义就在于它们无私而公正地为一切人的利益而存在。

罗斯金

艺术有可能如同大法师一样高明，也有可能和滑稽的小丑一样可悲。

约瑟夫·马志尼

艺术和教育是不可侵害的。用仁慈之心来教育人是艺术应该完成的任务。假如艺术不能帮助人们发现真谛，而只为人们娱乐和打发时间使用，那它就是可悲的，绝对没有任何高尚可言。

罗斯金

只为了让富人玩乐而打造出来的艺术真的比不上一个妓女。

对艺术进行谈论是最为虚无的。对艺术有所了解的人明白所有的艺术都以其与众不同来表现，因此它从来不需要我们用日常的语言进行说明。所以，对艺术进行谈论的人中大部分都是不了解艺术或者无法感知艺术的人。

生命是不懈地奋斗

二月二十九日

梦想是路标，失去它人生就没有方向；失去了方向也无法谈论行动与人生。

十全十美是神之属性，追求十全十美则是人之属性。

歌德

梦想是在自我之内的，而完成梦想的阻碍也同样在自我之内，我们所有的人生问题都是供我们依靠而对梦想进行完成的资源。

卡莱尔

生命不是为了追求安乐与享受的，生命是奋斗、是向前；是善与恶之间的争斗，是对与错之间的争斗，是仁慈与私欲之间的争斗；生命在于让我们的内心指引自我能力向着梦想前进。

约瑟夫·马志尼

唯有在思想境界中才可以完成的梦想，唯有在广阔天地才可以达成的梦想，唯有拥有完成其无限可能性的梦想才是真的梦想。

我们很清楚自己并没有在应该有的生活方式中生活，我们也清楚自己完全没有在一种只要奋斗就可以得到明确的生活方式中生活。我们一定要明白生命是可以改变而且一定要进行改变的；一直保持这样的认知非常必要，但假如只清楚通过责难已有的生活为结果则是错误的，应该记住我们的结果是建造更美好的人生。我们一定要心怀生命绝对能够改变的自信，去逐步走向美好的人生。

经常听人这样说："人的存在非常虚弱，根本不能成为什么圣贤者，就算奋斗也无益，只和所有人一样过相同的人生就好。"这样说是绝对错误的。我们一定要奋力去过美好的人生而不是为了去做什么圣贤者，我们是为了让现在的自己比昨天的自己变得更好。所有人一生的重要任务就在于此，整个人类的美好也体现在这里。

我们所明白的仁慈就在我们体内，同时在世界中存在——对这一现实心怀期望与自信去努力实现是很重要的基础。相反，假如我们对此没有自信，觉得这样恶劣的现实永远也得不到改变，认为我们一生都终将活在这样的现实中，那就会成为梦想完成的最大障碍。

三月

生 命 的 善 行

——托尔斯泰陪你走过春夏秋冬——

论死亡

三月一日

对死亡心存恐惧是不正常的，这样的意识是一种犯罪。

动物不能预见不可避免的死亡，所以它们对死亡没有恐惧。而人类往往害怕死亡。拥有人类的理性思维，让他预见死亡的不可避免，与动物相比，他的地位真的恶化了吗？事情如果真是这样的，那人们就使用了自己的理性思维来预见死亡，而不是为了让生活变得更好。一个人越是过着精神生活，死亡给他的恐惧感越少。如果人只过精神生活，那么死亡完全不会让他恐惧害怕。对于这样的人而言，死亡只是灵魂从肉体中解放出来。他知道，他靠什么活着，那是不可摧毁的。

怕死之人不会活着。

帅梅

没有什么可以保证自己生命的不灭和永恒，没有什么可以帮助我们平静地接受死亡。有这样的想法，我们死去的时候，我们不是进入一个新的状态，而只是返回到出生前的存在过的那个地方。甚至不能说：存在过的，而是回到了我们特有的这个状态，就像我们现在在这里一样。

平时人们经常被自我主义所霸占，这一状态被清除的刹那就是死亡，自我主义对于自我本质是一种损害，可以将它看成完全将人的原本状态进行复原的瞬间，此时人所面对的才是最真实、最本质的自在，这就是大多数人在死亡时面部表情都会平和安然的原因所在。通常来说，普通而善良的人，在死亡时多是最容易安详的，但对于生存的意识进行反抗或者拒绝的人，其平和安然且心生美好的死亡权利便失去了，因为那些想要自杀的人不过是希望在现实中死亡，完全不必也不渴望在明日甚至是更长的将来持续活着。

叔本华

对死亡心存恐惧，事实上就是内心对生活心存冲突的表现，就好比看到幻景而心生恐惧一样，事实上这就是精神方面不完整的表现。

死亡之所以可怕，是人们错误地以为生命只是一个不大的有机体。

假如人们对生命拥有镇静思考的力量，对生活的根本认知正确的话，他完全可以得出以下的论断：被我们视为死亡的肉体改变是在我们以及所有生物之中不断发生的一种状态，因此它不会产生痛苦，也不会产生恐惧。

确实有很多先知会将生命看成惩罚，可是但凡思想健全的人都不会将死亡看成是惩罚吧。

莱辛

死亡是身体最大的也是最后一次改变。我们经历过的身体上的变化，以及正在经历的：我们曾是裸露的一块肉，然后变成了婴儿，然后长出了头发，牙齿，然后旧去新来，再长出新的，然后我们变成了灰色，变成了秃顶。这所有一切的变化，我们都不害怕。那我们又为何害怕最后的变化呢？因为没有人告诉我们，最后一种变化后，他们会怎么样？一个人，如果他离我们而去，并不再联系我们，没有人会说这个人没了，只是会说，没有关于这个人的消息了。

关于死，也是如此：我们不知道死后，我们会发生什么，以及在今生之前，我们是怎么样的，只是表明我们没有被给予，因为我们不需要知道。我们知道一点：我们的生命不是身体的变化，而是什么活在这具身体里。活在这具身体里的是精神物质，而精神物质没有开始，也没有结束，因为没有时间。

苏格拉底说，如果死亡是这样的状态，就像我们现在有的这种，当我们睡觉时，我们失去所有的生命意识，但我们都知道，在这种状态没什么可怕的。如果死是向更好的生活的过渡，就像很多人想的那样，那么死就不邪恶了，而是有益的。

死亡相比夜晚降临、冬天到来更不可回避。对于夜晚与冬天

我们总是有所计划，可为什么就不会对死亡提前计划呢？实际上对死亡进行计划只需一件事，那就是将生命过得更完美。我们生活得越好，死亡就越没有什么意义，对死亡的恐惧也会越少；对圣贤者来说，根本就不存在死亡。

神之意念
三月二日

当自我与神的意念相融合，人们才会真正了解自我应该走什么路以及自我与他人之间应该保持什么样的关系。

我们也许不明白也不会了解自己因为什么而活，也不知道自己正为人类的存在做着什么。但是，假如我们可以按照将我们带到这个世界上来的神的意念行事，我们则做了自己应该做的事情，我们的生命则是美好的。这种事与被人类套了颈圈完全不了解自己应该何去何从以及做些什么事的马是相同的，可只要马能顺从地去行动，它就可以在最后了解自己的行为是为主人服务，这样就可以获得满足并心生美好。

"套着我的颈圈带给我美好，我的重负是从容的。"这不是耶稣所讲过的话吗？假如我们只做神指引我们要做的事，这些事对我们本身就是从容而且美好的。

在你将神之意念当成自我意念去行事时，神就会将你的意念看作他自己的意念来完成事件。将自我欲望与神之欲望进行结合吧，假如可以如此，神就会将他人的欲望与你的欲望进行结合。

《塔木德》

让自我行动听从神之意念吧！只要是听从神的人，其内心都会生出强大的能量。

马可·奥勒留

在盗贼出没的地方，人们通常不敢独自行走，他会等候警察经过时与其一块儿通过，从而避免不幸发生。

聪慧的人在其生命的旅途中也会有相似的情况，他会告诉自己："生命之中多有痛苦与灾祸，到底在哪里才可以得到保护呢？为了平安度过生命的旅途，该等候什么样的同伴才对呢？我要与谁同行呢？是这个人，或者是那个人？是走在富有者的身后还是跟在显贵者的身后？不，直接跟在君王身后岂不是更好？只是这些人会对我进行真正的保护吗？他们自己也会遭遇抢夺、杀害，而且会与普通人一样沉沦于悲惨之中。不但这样，这些人还有可能会对我进行侵袭，对我进行抢夺。这样我到底去哪里找一位真心保护我却不会对我造成伤害的可信赖的同伴呢？我究竟与谁一起走才对呢？"

如此值得信赖的同伴只有一人——那就是神。为了回避要遭遇的悲惨或者是灾祸，一定要跟着神走才行。可这又是什么意思呢？也就是神所需要的我们才需要，神不需要的我们也不需要。那如何才能做到这样呢？唯有一个方法：清楚神之规则并遵守它的意念。

爱比克泰德

一个人只有明白自己的立场，才可能由始至终将自己的工作做完。……了解这件事情并清楚明白做这件事的必要性时，人才是真的领悟了上帝的教导。

认为自我无所求是没必要的，重点在于去追求神之欲望。并不是将自我进行彻底否认，而是要懂得自我付出。

卢梭

不要对自我遭遇进行轻蔑，不管在什么时候，你都应该这样做，不管在世界的任何地方，你都要与神靠近、与永恒靠近。

卢梭

听从神之意念，良善的人生是一条窄小的路，一定要明白它是可以做的，它就好像在泥泞中搭起一条窄路一样简单。在我们行走不慎的时候，很有可能掉入愚昧与邪恶的深渊之中。聪慧者会选择后退，并立刻回到窄路上去，但那些蠢笨者却会在深渊中迷失，从而越来越深陷其中，越来越难以自拔。

行善与回报

三月三日

对行善的人生还要求什么回报呢？在我们实施善行时所感受到的美好中我们便已经获得回报了。

为他人行善，事实上就是为自己行最大的善事——但这并不是指回报的事情，而是做善事本身所带给人的最大欢愉。

塞内加

过着圣贤生活的人会这样对神祷告："神啊，希望可以给罪恶者以同情，因为你已将美好赐给了美善者；美善者因为自己的善行已经过得很美好了。"

萨迪

对善行要求回报，刚好将行善的作用与力量相抵消。

圣贤思想

有的人在对他人行善时，总希望他人对自己有所回报或者谢意。有的人却完全不会在意回报与谢意，依旧坚持自己的行为，依旧认为自己对他人的善举实际上就是对别人好。真正的善行是不应该以此为目的的，行善的人不要求回报，做善事就如同树木会结果实一样，有人感受它就已经足够，这样做善事的人才是真正地行善。

马可·奥勒留

对他人表达善意时，最好不要对这份善行心存任何回报，不过回报却在对方的感谢之中了。对他人表达善意时，最好不要对这份善行产生任何私欲的想法。——就算这样，你依旧可以从中获得感激与好处。换句话说："将自我生命看得最为重要的人就会失去生命，向神付出生命的人则会得到生命。"

罗斯金

对所有的善进行提炼，对所有的恶给予回避。一种善可以将其他善引导而出，一种恶则会将其他恶引诱而来。善的回报是善，恶的回报是恶。

本杰塞

做善事是美好的，能够默不作声地做善事则更美好。

暴食之错

三月四日

放纵饮食——也就是暴饮暴食，这是常见的一种过错；但我们却并不怎么去关注它，因为几乎人人都有这样的过错。

罪包括两种：一种是对他人犯罪；另一种是对自己犯罪。在我们不对他人内心的神给予尊重时就是对他人犯了罪，而对自己内在的神不尊重则是对自己犯罪。对自我犯罪最多见的则来自暴饮暴食。

鸟会被网住，鱼会被钩住，皆是因为它们对食物有欲望。同理，人一旦产生贪念，也会因为禁不住诱惑而被捉，口腹的欲望如同手脚上的锁链，为了口腹之欲贪婪却在心里尊重神的人肯定不多见。如果想要成为自由自在的人，就先要对口腹之欲的诱惑进行清除，进食只是为了解决饥饿，并不是为了让贪念得到满足。

萨迪

对食物贪心的人多会无法抵抗懒惰，对于终日饱食却无事可做的人来说，想要抵抗情欲则更难。所以，所有宗教在对人们的节制进行要求时都是从抵抗贪念开始的，也就是指斋戒。

神将食物赐予人们，魔鬼却将厨师赐给人类。

苏格拉底将所有没用的奢靡的东西都排除掉了，这对普通人来说是格外困难的。"进食一定要有所节制，食物只为了解决饥饿，而不能用来满足贪欲"——他这样告诫自己的弟子们。他还进一步说明，再没有什么比放纵饮食更对人的肉体与精神造成伤害的了；不管是在什么样的情形下，进食都不应该超量，吃到七八分饱时就可以从餐桌边离开了。苏格拉底将《奥德赛》一书中的乌利斯的故事讲给弟子们听：乌利斯因为从来不会贪图食物的引诱，妖女没办法对他实施魔法；但他的同伴则因为无法抵抗食物的引诱，最终全变成了猪。

精神活动造成的肉体痛苦不是悲惨的，假如我们最为尊贵的灵魂因为受到肉体的支配而遭受不幸则是可悲的。

《塔木德》

要管住你的嘴，因为疾病由嘴而入，进食至七八分饱，你就要起身从餐桌边离开。

西塞罗

　　人们不将放纵饮食看成罪过，是因为它对人们的损害并不明显。但一个人毫无尊严地活着同样是一种罪过，对于饮食的不知节制正是这种罪过中的一种。

谦逊

三月五日

就像人不能自己抬起自己，所以人也不能赞美自己。相反，人赞美自己的所有企图会令人们看不起他。

在人们面前不要赞美自己，也不责骂自己。如果你赞美，人们不会相信，如果你辱骂，他们会觉得，你比你说的更差。因此，最好关于自己什么也不要说。

说自己谦逊的人——不谦逊；说我什么都不知道的人——聪慧；说我是有文化的人——嘴碎；沉默的那个人——他比所有人更聪明更好。

瓦曼·普拉纳

夸耀自己的人，除了自己什么也看不到。只能看到自己的人还不如是瞎子呢。

萨迪

想要人们称赞你们吗？那么不要称赞自己。

帕斯卡

思想和它的表达——词汇——是严肃的事情。不好玩弄思想和词汇，来证明自己的行为。

如果你总是在意别人对自己的看法，那么内心永无安宁。

奉承者对自己或他人的评价总是不够高。

拉布吕耶尔

如果您想要良好的声誉或者不是太差的声誉，不仅自己不能赞美自己，而且也不能利用别人赞美自己。

对上帝之爱便是对自己完成之爱，也可以将对自己完成之爱看成自我完成的奋斗。对自我完成的奋斗是生命的根本，所以人之日常生活都是人类有意识或无意识地对上帝之爱。

一切的悲惨与精神上的烦恼到底都是从哪里来的呢？它是人类贪恋一些一直保持变化的事物且想要一直霸占其所有而造成的。人类总是因为自己关爱的人和事而心生苦恼，一切的耻辱、困惑、冲突、仇恨都来自我们贪念中原本就不可能真正占有的事物。

唯有对那些永远的无限的事物心怀爱意，才会让我们的精神获得真正的愉快。我们一定要用尽所有力量，朝着这样美好的境遇前进。

正因如此，人类最大的美好不只是得到神的认知所支配这一件事，而是全部都包括在内的。这也就很明显，将所有值得爱的事完成，人才会达成所谓的自我；我们越是对上帝施以爱意，则越能在对上帝之爱中停留，我们也才越可能变成美好的人，并越可能获得最大的美好。我们最大的美好以及自我平和的根本就在于对神的认知与爱之中。

同时显而易见，想要完成人类灵魂所要到达的目标，它的方法只能是从上帝之规则里寻找，而且必须要这样做才可以。因为这个方法的操作，事实上就是上帝在我们灵魂中的操作。将我们引向这个目标的上帝之规则其实就是上帝之戒律或者是神之规则。神之规则的一切都被包括于最高的诫命之中，那就是将上帝看成最高存在和最大美好来爱他，而不是害怕罪过（惩罚的要挟），不能因为别的目的而去爱上帝。对上帝的爱就是我们所有行为的最终目标。

被物欲所迷惑的人不可能明白这些事。在他们看来这样做是蠢笨的、无用的；他们对上帝的认知并不全面。在相对理智的思想之内，他们无法寻找到自己想要的美好，找不到感官上的愉悦，找不到一切能够让肉体获得满足的东西（在他们看来肉体才是所有愉快的源头），这是因为他们所认知的美好只是在罪恶想法或者知识中才存在的。

如果我们能深刻领悟上帝之规则，我们就会明白以下几个问题：第一，上帝之规则是普及的规则，它适合每一个人，因为这就是从人类的本质属性中引领出来的；第二，上帝之规则完全用历史现象进行自我必要性的证明，因为它来源于人之本质，不管是人们的内心还是日常生活中其他人的内心都有它的存在；第三，上帝规则是深植于人之本质中的，也就是爱上帝的自然规则不会对我们提及各种热闹的修炼仪式或者追寻旧习的要求，也不会凭借其他并不清楚的事情而存在；第四，遵守爱上帝之规则的回报便是对上帝最为纯粹、自由且永恒的爱，但如果冒犯了上帝之规则，所要遭受的刑罚则是对这些美好的失去，从而只能在肉体的领域中，或者是混乱的精神领域中不断翻滚。

斯宾诺莎

对于邻居的爱如果不是存在于对上帝之爱的基础之上，就会如同没有根的草一般；这种爱只会让自己去爱自己认可的人，而这样的爱也会变得可恶或者仇视。假如出于爱上帝而爱邻居，我们则会对那些并不爱我们的人，或者是我们并不喜爱的人，以及身体带有残疾的人等都会一视同仁，这种爱才会是真正牢固、不可毁灭的爱，这种爱才会永远存在，不，它的牢固度是会随着时间的增长而增加的。

人们都说："对上帝的爱到底是指什么，我真的不明白。"

可至于爱什么、去爱谁这一问题的意义，除去自己之外，别人又怎么可能知道呢？只有爱中的人才真正明白它的含义。

不明白艺术与科学是什么的人，又怎么可能告诉他爱艺术与科学的意义呢？

同理，假如我们不懂什么是上帝，甚至将这不懂进行夸大，又怎么可能对他说明白对上帝之爱所具有的含义呢？

有的人认为要对上帝心存畏惧，这并不正确，应该说必须要爱上帝。

想要将对人类、死亡、罪恶以及自然力量的恐惧消除只有一个办法，那就是以爱对待上帝。

劳动

三月七日

劳动——尽自己的能力去操作，是生命必需的行为。虽然我们要完成的事也能由他人来代替完成，但终究不能解除自我肉体对于劳动的诠释。假如一个人不去操作必须且应该的事，就会做出一些不必要的蠢事。

人，就像所有的动物一样，被创造出来，为了不死于饥饿和寒冷，他必须工作。无论是动物，还是人，这个工作都是为了养活自己和抵御恶劣天气，这不是折磨，而是快乐。但人们这样安排自己的生活，一部分人自己什么也不做，而是强迫其他人为自己工作，并且因为闲得不知道做什么，想出各种各样愚蠢，没用的事来让自己不那么烦闷，而其他人费力劳作，因工作而苦恼，还因他们不得不为别人劳作，而不是为自己工作而苦恼。

这样对双方都不好。首先，对于不工作的人来说，他们因游手好闲毁坏自己的灵魂觉得不舒服。其次，对于劳作之人，他们费力熬体觉得不舒服。但是，工作的人仍然好于不工作的人。灵魂贵于肉体。

对于你们而言，如果工作是主要的，而薪酬是次要的，那么劳动和劳动的创造者——上帝，将是你们的主人。但于你们而言，如果工作是次要的，而薪酬是主要的，那么你们就是薪酬及其创造者——魔鬼的奴隶，而且这个魔鬼是最低贱最坏的一个。

拉斯金

"我们用机械取代了人为的劳动。"在欧洲社会这样向中国自夸机械工业的好处时，中国人却说："劳动是上天恩赐的福气，不让人劳动则是最大的悲惨。"

辛勤对任何人都极为重要，因为它可以让人产生美好。不教导孩子通过双手去劳动，就相当于给他们未来的抢夺行为铺平了道路。

《塔木德》

动物不真正运用自身肌肉，是没办法活下去的，人同样是这样。假如想要愉快而知足地运用肌肉，最有用的办法就是去做有益的事情，特别是为他人提供服务。

祷告

三月八日

祷告让自己与上帝的联系真切地表现于内心。

信仰的重点是每天对梦想进行更新。生活是纵横交错的，因为每天的日常生活中偶然发生的事件会让我们内心凝滞、混乱或者暴躁，祷告则可让它重新获取平静状态。祷告对灵魂是一种润滑剂与振作剂，使我们重新得到平静与勇气。祷告能够让我们记起上帝的要求和我们生活在世界上的责任。

在进行祷告时，心里会产生这样的话："你被人爱，也应该去爱他人；你接受了他人的，也要如此回馈他人。你最终会死去，所以尽快将自己的事都做完吧。用宽容去面对悲愤，用善良去克服罪恶。同时，必须要将自我的蠢笨思想、盲目的自信还有容易犯错的不尊重行为克服。对所有世俗者进行迎合不是你的责任，你完全没有在这些人中间取得成功的义务。去做你应该做的事情，让应该发生的自然发生吧，你的良心就是你的证人，而这良心就是你内心正在对你诉说的上帝。"关于祷告的重点就是如此。

卢梭

下面这些事我们必须要了解：就是我们祷告、对上帝表达自己的意愿，从来不是想要将上帝的意念进行改变，而是去真正认识上帝，以及上帝的力量，从而让自我灵魂得到净化与提升。

《塔木德》

在我进行祷告时就好像在与一个人格神进行对话，这不是只有神才拥有人格，我们自身也拥有人格（性格）。（我很清楚神不会是一个人格体，因为这种人格体或者性格这样的事物都是有限的，但神的存在则是无限的。）

如果我戴上一副绿色眼镜，那我看到的一切都将变成绿色的——哪怕我很清楚这一切本来并不是绿色的。

祷告就是为了表达自我与神圣的神之间的关联和态度，同时也表达自己与所有人的关联，以及自我与同自我一样同为上帝之子的他人的责任；这是我们对自己行为的深省，是为回避将来会犯下曾经出现过的错误，从而对自我曾经做出的正确的评判。

将门关上独自一人进行祷告是不错的事，也是很必要的。但最必须的则是在你激动、经受引诱、烦躁时，能够于人群中进行祷告；在这样的时候想到自我灵魂以及上帝——这样的祷告才是必需并且境界最高的。

认为只要祷告，而不是顺从上帝的意念就可以达到神的要求，这样想是非常可怕的。祷告应该是让你明白自己是一种什么样的"存在"，以及自己这一生应该做什么，等等。

战争由人而起

三月九日

战争和基督教不相容。

只要一个人对自己说：尽管我知道这件事很愚蠢，而且我不可能不做这件蠢事，只要一个人对自己这样说，他就会去做那件最可怕的事情，他不仅认为这些事情可以做，而且他还将为此而感到骄傲。

战争——这些可怕事情中的一个。

武装的和平与战争，如果他们将在某个时候被摧毁，那么绝不会是国王，也不会是权贵们将之摧毁。战争对他们来说太有利可图了。战争只会让那些遭受战争最多、最痛苦的人们明白，他们的命运掌握在自己手中，并为了使他们自己能从战争的祸害中解放出来，他们使用最简单、最自然的手段：停止服从将他们变成士兵、拉入战争中的那些人。

奥利金

对于那些不明白我们的信仰，为了共同的事业，希望我们手握武器，杀人的人，我们可以这样回答："指派给你们偶像和寺庙的你们的祭司，保持着自己双手的干净，用干净的双手给你们的上帝奉上祭品，而不是沾满鲜血和杀戮的双手奉上。无论是什么战争，你们都不会征他们入伍。如果这个事件是合理的，那么我们基督徒保持我们双手免于任何的玷污，不是要更合理得多。"

当我们用我们的训诫鼓励各国不要破坏联盟和和平条件时，对统治者来说，我们比他们的战士更有用。我们真正地加入公益事业中，当我们将教人们摆脱欲望的沉思和练习加到我们的训诫里。是，我们最多地是为了皇帝的利益而战。确实，我们不是在他的旗帜下服务，如果他强迫我们，我们也不会为他服务，但是我们会以此善行为他而战。

奥利金

耶稣为新社会奠定了基础。在他之前，他们不属于一个或多个主人，就像牛群属于他们的主人。王侯和权贵们将自己骄傲、贪婪的全部负担压迫了人们。耶稣结束了这种混乱现象，抬起了低下的头，释放了奴隶。他教导他们，人在神面前是平等的，人是自由的，没有人能够有权力支配他们的兄弟，平等和自由，人类的神圣律法是不可侵犯的。权力不可能是正确的，在社会制度中，它是一种职务、服务、某一种奴役，鉴于共同利益，自由接收的。这是耶稣建立的社会。这就是我们所看到的世界吗？

这就是地球上支配的学说吗？在我们的世界，人们的王侯是仆人还是主人？在 19 个世纪内，一代又一代地将基督的教义传递给彼此，并说他们相信他，那世界发生了什么变化吗？受压迫的和受苦的人们都在等待应许的解脱，并不是因为基督的话是错误的或无效的，而是因为人们或是没有提出应该通过他们自己的努力和坚定的意志实现教义，或是在自己的屈辱中一蹶不振，没有为胜利付诸分毫，没有准备为真理而亡。但他们正在苏醒。他们中间已经有些东西活动着，他们听到一个声音说："拯救（救恩）就在眼前。"

拉梅内

人，特别是基督徒，有义务不参加战争，不以个人、金钱、谈论为战争做准备。

万物与自身为一体

三月十日

恩赐给我们生命的东西，于万物之中唯有一个。

你所看得到的任何一个人都同时拥有灵性与人格——我们是相同的生物。我们其实只是一个神圣存在体的一部分，大自然的创造让我们共同存在于血缘关系之内，它又用相同的材料，出于同样的目的而创造了我们所有人。它在我们每个人的内心播下相互爱护的种子，使我们产生齐心协力的想法，并使我们在内心确定正直的意愿。按照这样的自然规则，杀害他人就是一种邪恶。按照大自然的法令，我们的两只手时刻为服务他人而准备着，我们的出生便是为了全体团结一致而努力的。我们团结在一起，如同多块石头砌成的圆顶棚，如果所有的石头不能相互支撑，就会发生坍塌。

塞内加

人生的美好只存在于对他人的服务之中，而且因为这样，人才会与整个人类的生活根基形成一个整体。

我很清醒地意识到并感受到我与整个人类是一个整体，而与所有的动物也同样如此（虽然这种感受不是特别清晰），我和昆虫、植物同样是一个整体（虽然这种感受又变得更孱弱），但对那些一定要在显微镜下或者望远镜中才可以感受到的有机物，我则很难将它们与自己认知为一个整体了。不过，这源于我们缺少感受的器官，并不能说明我们与其不是一个整体。

生命之路仅有一条，而人们永远的期望就是人类总会有一天踏上这条道路并最终团结一致成为一个整体。让人们团结一致的这条道路很明显地生长于我们生命的根基之上，而且它既开阔又清晰，不管怎样我们都要走到这条道路上去，而此路的终点便是上帝生活的地方，他在那里对我们进行着呼唤。在我们向这道路的边缘行走时，生命也就开始走向死亡了，这对上帝来说是难以接受的。

生命之路原本极为开阔，但大部分人却偏偏并不认识它，从而向着死亡的道路前行。

果戈理

对那些阻碍你认知自身与万物合而为一的东西，全部从内心进行清除吧！

婚姻

三月十一日

饮食是所有人生命中不可或缺的必备条件，同理，性伴侣也是人的生命中必备的条件。食物的放纵会给我们带来伤害，同理，性伴侣的错乱也会对自己以及整个人类产生极大伤害。

或许你已经不再执行自己对配偶应尽的职责，或许你为了躲避为尽这一职责而产生的苦楚，从而与你的配偶分离，可这样做的后果会是什么呢？

那就是依旧备受苦楚，但那是应该尽的职责未得到完成所带来的苦楚。

乔治·艾略特

可以将婚姻看成一种约定，也就是男女在两人之间繁衍后代的契约。对这个约定进行破坏便是欺诈、叛逆、邪恶。

在男女双方可以感觉两颗心能够一直相互融合的时候，就是在面对一切困难艰苦都可以相互支撑、相互辅助的时候，哪怕是在最终分离的无语时刻都认为双方将会生生世世相互融合的时候，婚姻是神圣的。

乔治·艾略特

彼此相爱的夫妻假如可以共同去将他们的目标完成，彼此凭借诚信相互帮助，就会非常满足。

男女的结合对所有人来说都极为重要，同理，对于整个人类来说，也是极其重要的，因为这与整个民族的存续有关。而且，因为这种结合是极为艰难且杂乱的事情，其形式多种多样，所以更需要人们进行认真的讨论。

马上尽善

三月十二日

人的生活会受其行为所影响，他的所作所为能够决定自己的幸运与否，这是生命之道。因此，对所有人来说，世界上最为重要的事便是每个人此刻所做的事。

波斯人有这样一则故事：一个灵魂从肉体中走出来，于冷清的地方散步，有个让人害怕的女人出现在他的跟前，那个女人肉体溃烂、肮脏、恶心。"你是什么人？"灵魂问她，"你究竟是谁？你这样令人憎恶、恶心，比一切魔鬼都更为卑劣的东西，你究竟是谁？"

让人害怕的女人回答他："我便是你的行为。"

波斯寓言

做善事吧，即做一个拥有仁慈之心、随和、谦虚的人，言说善语、为他人祈祷、保持纯粹的内心、不断学习、保持说真话、控制悲愤、满足忍受、热爱朋友、尊爱师长、爱戴父母——这些行为都是善良者的朋友、罪恶者的敌人。

相反，骗人、偷盗、懒惰、用卑劣的目光看女性、欺诈、毁谤、落井下石、藐视、不劳而获、小气、卑鄙、愤怒、报复心极强、顽固、忌妒、做坏事、迷信——这些都是罪恶者的朋友，善良者的敌人。

波斯教教义问答

重要的不在于尽善的言论，而在于它的践行。

《塔木德》

唯有一直在建造地狱之人，才会害怕自己进入地狱。

露西·马洛丽

不管过去的事如何影响我们人生的走向，我们依旧可以不断依靠着精神上的奋斗而改变它。

智慧的前提

三月十三日

道德之纯洁是智慧的前提，而它所产生的结果便是安心。

善良者更注重自己的职责，而不是自我保障。

职责是人类自身的事情，而结果怎么样，则是上帝的事情。

让我们丢失平和的不是一直处于变化的境遇，而是贪婪不满的欲念。

想要做一切事的人最终会变得什么也不想做，所以只去做自己应该做的事吧！

在我们觉得对肉体感知孱弱时，正是自我精神能力最为激烈的时刻。

露西·马洛丽

一个人具有智慧的最佳证明就是他可以一直持续仁慈的精神状态。

蒙田

只去做一些可以让你的精神得到提升，并对社会有所助益的事情。

在你为了一些事唉声叹气之时，最好可以想一想以下几件事：一，不论是什么人，都会遇到比现在更不好的事情；二，曾经发生过的让你像现在一样唉声叹气的事，如今已经完全可以让你坦然地回味与面对了；三，现在使你痛苦不堪的事可以让你看到自我的精神能力以及能够增强精神能力的磨炼。

心灵有时处于最美好的状态中，有时则处于最低落的状态里。珍爱这最美好的时刻吧，多保持这样的状态，竭力将低落的状态清除。

培根

哪怕是圣贤，如果没有良善，所剩的便也只是奸猾与欺诈。

不将最终势必会失去的东西强力占有的人，才会是最富足的人。

中国谚语

智慧是没有边际的，我们越想靠近它，就越感觉它的意义。人每日不断改变的能力也是没有边际的。

理智

三月十四日

　　爱使人们团结；理智，唯一所有人都有的东西，巩固着这个团结。

　　人能思考——所以它被创造了。显然，他应该理性地思考。理性思考的人首先想的是，他应该为什么而活：他想到自己的灵魂，想到上帝。你们再看看，权贵们想些什么？除了这个，什么都想。他们想着舞蹈、音乐、歌曲；他们想着建筑、财富、权利；他们羡慕富人和国王的地位。但他们完全不想，成为人意味着什么。

帕斯卡

　　人类主要的职责之一是让我们从上天获得的智慧之光尽全力闪耀。

中国智慧

　　所有人都承认和不能不承认的那个，才是真正理智的表现。

想要成为真正的人的那个人，应该拒绝迎合世界；想要过真正生活的那个人，让他不要被认为是好的东西所引导，让他仔细地找出什么是真正的好，及在什么地方。没有什么比独立的精神求知欲更好，更有成效。首先，自己与生活现象建立关系，然后为自己解决所有产生的问题。

爱默生

当我们怀疑真理的力量时，我们辱骂它，允许或禁止表达这样或者那样的想法。让真理和谎言进行徒手搏斗：真理在自由和平等的斗争中是不可战胜的。她用谎言的反驳破坏了她，这比任何的禁令都好。

米尔顿

我们的教会基督教建立在空虚和摇摇欲坠的基础上；那些依靠它的人处于不断的危险之中，总是害怕一些东西。强烈的怀疑，使它的根基震动，引来了教会人士的电闪雷鸣。疑虑越深刻，焦虑越强烈。

人们真的害怕山倒塌吗？教会的传说每时每刻准备瓦解。"可能——公正，可能——不是"——这是依靠它的人们关于它能说的全部。然而，由此构成了宗教的基础。权威被认为是真理，盲目信任成了宗教的本质。

帕克

没什么能改变理智的决定。我们知道的一切，都是通过理

智得知的。因此，不要相信那些说不应该遵循理智的人。这样说的人、类似这样的人，建议熄灭黑暗中为我们引路的唯一一盏灯。

爱自己的敌人

三月十五日

真正的爱是对敌人付出的爱，可以爱仇视自己的人，或者爱我们讨厌的人，这才是真正了解什么是爱。

去爱那些爱我们的人以及让我们感觉快乐的人，这只需要普通的情感就可以做到，但去爱自己的敌人则是只有上帝才可以做到的。人之普通情感有可以从爱变为恨的可能，而上帝的爱却不会改变，所有东西，包括死亡也没办法改变它，上帝之爱是人类灵魂的根本。

在很多人里仅对一部分人产生喜欢的情感经常被误认为是爱，可这却好比野生的植物一样，虽然这可能会需要奉献。因为野生的植物是没经历过人工栽培的，它多数不会生出果实，哪怕是结了果实，也往往并不甜美而是泛酸的。同理，情感自身与爱不同，所以它不可能带给他人美善，相反或者会造成极大的罪恶。

爱在初生时是极为脆弱的，经不起一点碰撞。只在长成之后才会变得强壮，愚蠢的拔苗助长只会让它受到伤害。让它成长的重点只有一样，那就是通过睿智的阳光对初生的萌芽进行关照。

用亲和宽容来面对罪恶与沦落吧！锋利的宝剑是无法切断柔软的绸缎的。

如果一个人拥有慈善之心，且讲真善之言，则能用一根头发牵走一匹大象。

萨迪

在别人对你进行羞辱或者让你产生不快的时候，便是你要进行自省的时候。此时你是不是可以想到每个人都是上帝之子？而不管那人怎样让你生气，你是不是都可以将其看成兄弟，仍旧用上帝之爱来爱他呢？

关于知识的选取

三月十六日

当代科学的最大问题在于进行科学研究的人从来不管科学是不是可以认知一切事情，没有宗教的引导是不是能够明白自己要学点什么，他们只一味追求时代需求的以及自我感觉有趣味的事。但这些科学研究者大部分都在过一种错误的生活，对他们来说，现代社会制度是不是对自己有利才是重点，好奇心是不是可以得到满足才是最愉悦的事。

在德国，自然科学研究受到热捧。虽然在上帝面前，昆虫与人类拥有相同的意义，可人们却从不这样认为。先不管鸟类、蝴蝶的问题，人类难道不应该先将自己放进大的规则之内去进行一次整治吗？人类必须要认知自身，同时认知自我灵魂，要对自己的才智进行细致审视，让灵魂得到锻炼并走向平和。去认识理解人类吧，为了他人真正美好，给自己勇气讲出真谛。假如没有其他事可做，那就通过数学来锻炼大脑吧。可以不断深入学习总是对的，肤浅的学问肯定不好，真正的学问却可以引领我们走向开阔。

"不管是在阳光还是昆虫之中，上帝都是开阔的。"或者你们会如此表达，对此我愉快地表示认可。上帝哪怕在海滩的沙砾中也会保持不变，虽然沙砾多种多样，但它们之中的上帝却是唯一的。假如你认为自己有在沙砾之中发现宝石的职责，那就去努力行使这一使命吧，只是不要忘记自己的大脑是有限的，对古代伟人的思想史进行阅读可能比研究蝴蝶的蜕变史更能为你带来灵感。

利希滕贝格

并不是说人懂得很多事就可以称作睿智。世间所存在的事物是没有边际的，不管怎么样我们都没有办法知晓一切。尽力去掌握更多的事情并不算真正的睿智，人类真正的睿智应该是对整个宇宙进行了解，是去认知哪些学问是必需的，哪些知识无关紧要。在人类要理解的所有学问里，怎样生活下去、怎样多做好事少做坏事才是最为重要的。可惜的是，现代科学研究恰恰将这一重要理念排在研究学问之后，甚至完全忽视。换言之，现代人所学习的知识多不是最需要的。

卡尔文

所知不多的人总爱夸夸其谈，真正聪明的人却多数保持缄默。

之所以会出现这种情形，源自所知不多者觉得自己所了解的事都是最为重要的，并且亟须将自己所了解的事讲给他人知晓。而真正聪明的人却明白自己还有很多的问题需要认知，所以只会在别人需要的时候才说出来，在其他时间里则保持缄默。

卢梭

最高尚的学者听说了道，于是勤奋地去践行道；普通的学者听说了道，偶尔可以体悟它的存在，偶尔则体悟不到；笨拙的学者听说了道，却对其嘲笑不已。如果不是因为被人嘲笑，那它也算不得真正的道了。

（这句话的原文：上士闻道，勤而行之；中士闻道，若存若亡；下士闻道，大笑之。不笑不足以为道。）

老子

一个人若懂得怎样去提问，这很明显便可以成为此人拥有理解力以及聪慧的有力证明；因为，如果提问是蠢笨的，那就将此人水平不足的问题暴露出来了，他还会因此招致肤浅听者的蠢笨回答。这就如同那句"挤牛奶时却用筛子接着"的古语一样好笑。

康德

如果一切学问都堪称真正的学问，那一切的学问就都变成有好处的了。可事实是很多不正确的认知多被看成正确的学问，所以这就对你想要获取学问的选取要求特别严苛了。

通过信仰改变社会

三月十七日

现在世界存在的邪恶只有一种救赎方法，那就是将真正的信仰进行推广。

我觉得如果宗教信仰缺乏深远的根基，那么正确学问的胜出与世界组织的改变就不可能实现。我也相信，如果所有知识对神圣宗教信仰的欲望，或者是对人类源头以及此类哲理性问题的解释都漠不关心，就没办法组建新的世界组织。没有根基的宗教组织也许同样能建立好看的形式，只不过这形式永远不可能取得普罗米修斯所带来的那种完美火花。

约瑟夫·马志尼

你一定要对上帝的天国和上帝的真谛进行探知，可以这样的话，其他的一切则都能对你产生益处。

要建立真正完美的世界，首先就要在物质方面保证所有人都拥有真实的、公平的、无偏差的权利。完成这件事虽然不能代表完成了所有的事，但却让其他事变得简单起来。当这件事得不到完成时，其他所有事都没办法产生益处。

亨利·乔治

失去共同的信仰与目标，世界是不可能存在的。世界组织性的制度（政治纲领）一定要将适合人类现实的宗教规则包含其中。

约瑟夫·马志尼

使徒们这样生活着，他们同心同魂。如果他们彼此之间不认可，那么就没人会知道基督的信仰。毕竟，现在异教徒们不接受基督教，因为他们没看见基督徒的团结和爱。没有什么比美德更吸引人，没有什么比罪恶更令人厌恶。因此，人们远离基督教，因为，当一个人看到那个人禁止爱敌人，受贿，抢劫，打架，激发敌意和对待人像对待野兽，他不能相信爱的教义。当他看到基督徒害怕死亡时，他不会相信不朽。我们基督徒要为他们不相信基督的教义而负责。也许我们会说："选个古代的圣人为例子"。但人们想看见现在的善良的人。他们说，用自己的事件来给我们展示信仰，但没事件。相反，他们看到，我们比动物更糟，折磨着我们亲近的人。这就是让人们远离基督教教义的原因。我们说，我们信奉他，但却只吓唬人们远离他。

约翰·兹拉托乌斯特

如果你现在正为了世界上不好的组织而烦恼，那你就应该明白对这一组织进行改变只有一个办法，那就是在人们之间培养

信仰。

　　当然，第一步你一定要先从自身开始做起，在你自身内心进行信仰的培养，便是促进整个人类改变最佳的办法。

谴责

三月十八日

　　我们对他人的审视多数都不正确，因为所有人都没办法理解他人内心曾经发生过的事以及将要面对的事。

　　我们最经常犯的错误便是轻易对他人的好或者坏，或者蠢笨，或者贤良进行判断。人如同河流一般在不停地涌动、改变着，他不会天天都像现在一样存在着；人可以有各种可能，笨蛋可以变得聪慧，恶人能够变成善人，反过来也是如此。这正是人类的神圣所在，所以，我们要怎样去判断一个人呢？他是一个什么样的人呢？或许在你进行判断时，他早就变成另外的模样了。

　　如果你可以幸福地将虚假抛开，只说实话，只对应该猜疑的事进行猜疑，只期望美好而有益的事情，那你就不会再去对愚蠢或者恶人生气了。

　　"那样的人不是恶人吗？他不是无赖吗？"你可能会这样说。可什么是恶人，什么又是无赖呢？他们难道不是因为沉陷邪恶而误入歧途的人吗？对这样的人我们应该给予怜悯，我们不需要生他们的气。如果你可以把他们过这样的人生的坏处全部告诉他们，使他们心服口服，那他们就有可能不再继续为恶。而假如他们无法认知自我生活的过错，去继续过罪恶的人生也是顺理成章的事情。

也许你又会说："要如何不去惩罚这样的人呢？"还是不要这样讲吧！我们更要如此说，他们这些人在自我人生中最需要做的事便是将问题弄错，他们的眼睛没问题，是他们的心盲了，这对他们来说是极为悲惨的。如果有人因为眼睛出了问题看不清世界，我们是绝不可以因此对他们进行惩罚的，既然是这样，我们为什么要对那些比眼睛出了问题更为悲惨的人进行惩罚呢？我们不用跟这样的人怄气，我们要更加怜悯他们。

对这些悲惨的人进行怜悯，但不要因为他们的过错而急躁。你要经常想到自己也会有做错事的时候。如果要气愤，那就为了内心所形成的罪恶以及冷酷而气愤吧！

爱比克泰德

一个人可以时刻对自己的不足进行反省，就没有时间去顾及他人的不足了。

东方谚语

如果不能站在他人的角度来看待，断不可对他人给出各种评论。

《塔木德》

要多宽恕他人，但不要宽恕自己！

希尔斯

　我们要认知自我本必为善，而不是恶，并且所有人都是这样认知自我的。所以，哪怕我们不容易理解他人内心的想法，我们也要对他人经常怀有美善的想法。

贫富

三月十九日

依赖贫者的劳动而存活，并且通过贫者对自己的生活进行支撑的富者，如果还要大言不惭地将自己看成贫者的恩人，那形成如此情形的社会组织绝对是不符合常理的。

石头落在水壶上，那是水壶的悲惨，而水壶落到石头上依旧是水壶的悲惨；不管是何种情形，悲惨的都是水壶。

《塔木德》

哪怕富人可以用自己的财富对穷人进行施舍，那不过是因为社会保障小部分人，允许财富的不公平，从而致使这样的行善事件发生。而在这样的情况下，富人对穷人所表现出来的救助真的能像富人自夸的那样，可以被叫作行善吗？

康德

富人的幸福是通过穷人的泪水换来的。

哪怕不像是字面意义上对金银、土地的抢夺，人们却通过各种欺骗或者偷盗的手法进行与其相同的行为，虽然这行为不是全范围的，但却是竭尽全力的，比如在商业方面进行的交易，不管买还是卖，人们都在为了价格而绞尽脑汁，这种行为本身难道不是抢夺吗？

义和不义并不在于他所夺取的东西的价钱，而是通过抢夺者的意念来评判的。不管事情本身的大小，义和不义都有同样的力量。所以，我觉得不只是将他人钱包打开将钱取走的人可以被叫作强盗，那些在商业市场进行极力讨价还价的人也同样要被称为强盗。

圣约翰·克里索斯托

所罗门说不要在他人穷困时乘机进行抢夺。"趁着他人穷困而进行抢夺"的行为已经成为现今社会极为鲜明的压榨，换言之，人们经常利用穷困者的贫穷让其为自己出卖苦力，但只付其少量的薪水，或者用便宜的价格买走其要卖的产品。

相反，也许有些人觉得对富人进行抢夺就会变得天经地义，但显而易见，这样的事是极惊险且不好的，因为只要是稍微明白事理的人都不会这样去做。

罗斯金

真理——财富是大量劳动的积累；但是，通常一个人进行劳动，而另一个人进行积累。这被智者称为"劳动的划分"。

源于英文

　　真正的富足只存在于所有人都安居乐业的世界里，在现今这样贫富并不均衡的世界，从来不会有无罪的富足。

为实行上帝之意念而生存的人，绝不会因为他人的评价而感觉到颤抖。

他人对我们内心所要做的事总是了如指掌——我们一定要这样认知。

塞内加

敞开你的心扉活着吧！

孔德

对罪恶的行为进行掩藏是无益的，但公开进行罪恶或者夸赞它则更加无益。

感觉对他人心存愧疚是不错的情感，而最好的情感则是对自身拥有愧疚之感。

在遭受他人质问时不要进行掩藏，但如果没有必要，也不要去将自己的罪恶行为提出来。

如果在人们生活的世界上，所有人对上帝之敬畏和对他人的敬畏是同样热烈的，这该多美好呀！或许我们可以对他人掩藏自我罪恶行为，可是对上帝却做不到。不做恶事才是最为重要的！

人们极力想要掩藏的事大多数都是罪恶的事。

隐藏你的善行是件好事。

让生活处于完全不需掩藏的状态吧！同时也让生活完全处于一种不期望将自我行为泄露于世人面前的状态！

生活的意义

三月二十一日

我们知道的生活就在这里，在这个世界上，所以如果我们的生活有意义，那么他应该也是在这里，在这个世界里。

人们当中为了世俗目的而活的人不会安宁，只为精神目的而活的人不会安宁。只有人们当中为服务上帝而活的人才能获得安宁。

不想死，因为你活得艰难。每个有道德的人，肩负的世界所有的重担迫使他完成自己的使命。摆脱这种负担的唯一方法——完成自己的使命。只有当你完成委任给你的事务时，你才会被释放。

爱默生

真正的生活只在眼前。过去有的已经没了，没了的以后会有——有的只是现在的。为了现在活得好，就要为此竭尽所有的精神力并应努力。如果人们教导你，这辈子应该为了下辈子而活，不要相信他们。我们知道的生活，过的生活就是眼前的这个。因此，所有的力量应该集中用到这一生——不仅仅是整个一生，而且此生的每时每刻应该尽可能地活得更好。

生活既不痛苦，也不快乐，而我们应该做的事务，应该诚实地做到最后。

托克维尔

你很痛苦，你觉得，你不能活得像你想要的那样好；如果你的生活曾是不同的话，你最好做你认为是应该的。要是认清这个真相：在这个生活中，在你现有的条件下，你总是可以完成那些应该做的。

卡莱尔

这里，在这个世界里，我们服务的地方，所以在这里完成服务，并且应该集中我们全部的力量。

司法
三月二十二日

　　如果真理揭露我们的生活，那么承认它仍然比掩盖它更好；我们的生活可以变化，真理却会一直保持不变，并不停地揭露我们。

　　你的兄弟生来——这里指的是灵魂的诞生——受饿，而你因饱食而困倦。你兄弟赤身裸体地行走，而你为了防止衣物被虫蛀而料理衣物。用这些衣物遮盖穷人的身体不是更好吗？那样的话，衣服也就是完整的，而你也能从不必要的忧虑中解脱出来。因此，如果你不想自己的衣服被虫蛀了，那么把它们给穷人吧：他们非常擅长抖衣服。如果人们满足于财富，拒绝听我的话，却能发现他们活得很贫穷。所以你说，这怎么能适合穷人呢？毕竟，他们既没有金子，也没有很多衣服？但是他们有面包、冷水和一双脚，可以看望病人；有安慰不幸者的舌头和话语；有接收流浪者的房子和容身之处。

约翰·兹拉托乌斯特

　　当今一切善良之人都在犯相同的错，那就是一边期望着将恶人恶行进行清除，同时将那些因恶而产生的危害消除，一边却又对着行恶者施以礼貌之手，甚至与恶者站成一队，从而帮助并滋长其作恶。

清早，他们为了平衡自我内心感受，对两三个沦陷的家庭进行帮助。可至傍晚，他们又将这些家庭成员放于穷人中共享晚餐，从而使两三千名已经沦陷于贫穷的致富投机之人成为楷模，并让其准备学习。若干年要完成的事，在几分钟之内便被损毁瓦解。好一点的也不过是这样做：他们一边为后方受饿的百姓提供食物，一边却不断为前线增加补给以准备扩大战争。

罗斯金

你一方面将人推入洞内，一方面却告诉他要对上帝赐予的生活知足，当今基督徒都是这样的人。"他们不是我们推到洞中的"——你这样辩解着。确实，如果我们每天早上不去问自己这一天的行为是不是合乎本性，而只是针对自我利益，那我们是没办法了解哪些事才是自己所为，哪些事又不是自己做的。

罗斯金

哪怕正义不为我们指导应该做的事情，可它也会启示我们不要去做什么事，或者停止做哪些事。

生活的配置

三月二十三日

　　土地就像空气和阳光，是所有人的财富，不可能是私人所有物。

　　你们都是这个世界的流浪者。向北，向南，向西或向东——无论你停在哪里，都会有那么一个人驱赶着你，说："这是我的土地。"而且，等你环游世界各国，你们会回来的，你们知道了到处都没有能让你们的妻子生孩子、你们能停下来耕种土地，以及你们孩子可以埋葬你们尸骨的那么一块不幸的土地。

　　　　　　　　　　　　　　　　　　　　拉梅内

　　将一个人丢在太平洋中间，告诉他，他可以自由上岸；对比把他放在土地上，完全被扣留在私人领地，告诉他，他是一个自由的人，可以自由地为自己工作和使用自己的收入。前者并不是一个很大的侮辱。

　　　　　　　　　　　　　　　　　　　　亨利·乔治

　　土地所有的非法权力剥夺了每个国家超过一半的人的自然

遗产。

托马斯·帕姆

把一百个人放在岛上，没有出路，无论你是让这些人中的一个统治另外九十九个，还是让他成为整个岛屿的土地统治者，二者不会有任何区别。

亨利·乔治

难道这不是奴隶制，尽管英格兰有足够的土地来容纳比现在多十倍的人，但仍然有许多人要跟自己的兄弟乞讨，或者为了日薪而艰难地工作，或者挨饿、偷窃，或者成为绞刑犯。人就这样不配生活在土地上。

杰拉德·温斯坦拉

当合法的权力打击他们，使他们关注人类最敏感的、最切身的权利时，土地所有权就是饥饿、干渴、缺乏衣服、徒劳无功、抢夺现成的劳动果实、毁坏房屋、贫穷、疾病，父母、子女、妻子的死亡，穷人心中的绝望和野蛮。这一切都是土地所有权的权利。

红衣主教

拥有土地所有权的人，他养活自己和他的家人的需要更多，他不仅仅是一个参与者，而且还是这种需要的，以及人民大众所遭受的那些不幸和腐败的罪魁祸首。

不能对上帝进行定义

三月二十四日

只有遵行上帝律法的人才能认识神。而且，越是尽力遵行上帝律法的人，越能更清楚更好地认识神。

有两类人是了解上帝的：一种是谦逊者——他到底是不是智慧蠢笨则另当别论；另一种是绝对智慧者。那些自负且理智不足的人是绝对不理解上帝的。

帕斯卡

不管是什么事，只有走近它才可以真正理解它的真相。同理，唯有靠近上帝才可能理解他。如果想要靠近上帝，那就要凭借行善，也只有借助于这个尊敬上帝规则的方法，而那些越是理解上帝的人则越可以按上帝的意旨行事。它们之间是相互辅助的。

互助

三月二十五日

俗话说，人生来就是帮助他人的。确实，如果人们之间没有这样的帮助，那就无法存活下去。不过，帮助一定是互相的，因为所有人的生活都相互联系。如果有的人帮助他人，而有的人则只利用他人对自己的帮助，这会对人生造成损害。

所有人都要靠着他人的劳动而存在，此处所说的他人既包括现代的人，也包括过去时代的人。所以，只要你不想做小偷，就一定要像他人帮助我们这样去为他人贡献自己的劳动。

说到我们要接受多少帮助、回馈他人多少帮助，则是没办法确定的，我们要做的是尽量少索取多帮助。

在我们得到和利用一切物品时，都不要忘记那是他人劳动的所得，对它的挥霍、损坏、遗失，就是对他人宝贵劳动的践踏，这就相当于挥霍他人的生命。

哪怕有人在你与物品中间为媒介，而物品依旧是你的兄弟——即与你相同的人所创造的。你必须要尊重他人的劳动，唯有尽心对待兄弟用心创造出来的物品以及他们所提供的劳动，才可以表达你的敬意。

罗斯金

富人与他人之间除去采购物品的关系，还会产生劳力与仆从的直接关系。对于基督教教义所传达出来的冷漠就表现在我们对于仆从的立场。仆从为了表达对我们的效忠，从而全心全力去付出所有时间，去做我们认为最龌龊、最不喜欢、最没有价值的事情。可是我们之中有一大半人觉得只要付给他们说好的工资，就和他们没有什么关系了，但这些人难道不是我们的兄弟吗？如果他们只是为了工资而替我们出力，我们与他们是没办法构建完美关系的。

他们这样为我们付出，我们为何不可以站在公平的立场与他们一起进食、休息、消遣、学习呢？

你最好将自己所有的学问以及才华视为帮助他人的道具。

上天将各种才华赐予强大者、贤良者，不是为了让他们用来欺负弱小者，而是为了帮助与扶持弱小者。

罗斯金

人类一定要互相帮助，而且这互相帮助一定要是自觉的。接受兄弟的帮助，不能只回馈钱财，还一定要回以尊重、感激以及对兄弟生活的亲和。

信仰之演化

三月二十六日

在百姓的生活当中最为首要的演化来自他们对信仰的演化。

人是一种永远处于学习之中的生物，有的人虽然已经死去，可他们所思考的真谛、所发现的上帝却不会随他们一起死去，人们将这些都放于宝藏中存储起来。我们享受着前人保留下来的所有东西，每个人从出生的那一天开始，便马上投入到前人用辛勤的果实所建立的思维与信仰的氛围之中，而且，我们在不经意间为世界后来的人也保存下了贵重的东西。人类的生活、教育如同埃及的金字塔那样建立起来，从它身边走过的人都会为其加上一块石头。我们的人生极为短暂，哪怕很快就会与世界离别，可我们却都会为了人类教育的达成而一起奋斗，人类之教育纵然迟缓，可却始终在持续地向美好境界靠近。

约瑟夫·马志尼

觉得经过若干时代的信仰可以一直不变，这种认知是极为荒

谬的。人们活的时间越长，信仰就会慢慢变得更容易理解、纯粹、稳定。

在我们的信仰慢慢变得更容易理解、纯粹、稳定时，我们的时代便也开始进入谦和、完美的境界。

认为信仰不会改变，就如同认为自己所乘之船一直不动是一样的道理。

人类持续的演化来自信仰的演化。

勇气

三月二十七日

越相信上帝的人，越不会怕人。

哪怕你要做的一切善事都得不到圆满完成，也不用丧气失望。如果是由高处跌落而下，就再重新爬上去吧。人生的悲苦经历，你都要保持谦卑之意进行忍受。自发且心怀坚定地回到自己原来的位置上去！

马可·奥勒留

对上帝心存敬畏的人就不会对他人有所防备。

对所有在生活中一直取得成功的人给予尊重，这样的人是朝着真正的真谛前进的，他们不为获取他人的赞同，只是为自己在苦难中寻找支撑。他们不是熠熠生辉之人，对璀璨光芒并不向往，虽然吃苦是意料之中的事情，但他们依旧坚守被他人诽谤的道德。他们坚持正义，虽然敌人联合对它进行破坏。至高在上的道德通常与世俗之规则相背而行。

爱默生

为使一切宏大的真谛进入所有人的意念之内，就一定要经历三个阶段。第一阶段："这种蠢事是连提也不用提的。"第二阶段："这种事是违反道德且背叛宗教的。"第三阶段："确实，这种事从古至今都是人们所理解的。"

对真谛心存坦荡，时刻准备着将自己的生命奉献出去的人，比内心害怕，总把他人生命握于自己手中的人更为强大有力。

在那些遭世人谴责的人中，寻找更好的人吧。

做自己应该做的事，想自己应该想的事，但不要希冀所有的赞美，只需记着愚蠢之人是对正确行径进行卑劣评判的人。

如果你可以在上帝的能量中发现自我，其他人对你来说也就无所谓了。

智慧

三月二十八日

智慧是通过孤寂时刻的思想活动和在与他人进行交流时的内心活动而获取的。

对他人的话附耳倾听，而自己一定要少说话。在他人不对你提问时，你不需要说话，但一旦别人向你提问，则应该马上做简洁的回答，对不知道的事要坦白回答不知道，不需要觉得羞愧。

不能为争辩而争辩。

不要吹嘘。

不要追求高位，哪怕被人推选出来也不要去答应。

不要过分注意礼仪，因为在你如此面对他人时就等于要求他人也这样对待你，这是让人很不舒服的事。

所有事只要不与自我义务相违背，最好的做法还是去对他人习性与期望进行遵从。

所有不符合义务的事都不要做、所有为方便他人而努力的事都不要做，不然极易产生崇拜的习性，每个人要做的应该是去将自己的偶像破除。

苏菲智慧

只有通过他人的眼睛才可以看到自我的不足。

中国谚语

所有人在他人身上都可以看到一面照出自我的镜子，通过这面镜子我们能够清晰地看到自身的过错或者不足以及各种不对的地方。但尽管是这样，大部分人对着镜子时却只会做出狗的行为，也就是从不认为镜子里看到的形象是自己，而是其他的狗，并且对着镜子狂吠不止。

叔本华

"了解自我"——这是最基本的规则。可你真的以为通过注视自己便了解自己了吗？肯定不会，你必须要通过注视自身之外的其他事物来了解自我，将自己的能力与他人的能力进行对比试试，将自己的利益与他人的利益进行对比试试！尽力将自己的利益放在不重要的地方吧！要认可自我内心并无特别的能力，所有事都应该将他人放在前面！

罗斯金

三人一起行走，其他两人一定可以成为我的老师。发现他们的优点，我就会努力去学习；发现他们的不足，假如我自己也有，我就会努力去改正。

（这句话的原文：三人行，必有我师焉。择其善者而从之，其不善而改之。）

孔子

我在老师的身上学习到很多知识，但在我的朋友身上学到了更多的知识，在我徒弟的身上又学到了特别多的知识。

《塔木德》

看到贤良者便向他看齐，看到不贤良的人则在内心自省不足。

孔子

想要对他人的罪恶进行惩罚时，要注意不要连累到其内心的上帝。

对邪恶本身进行憎恶吧，但不要对人产生憎恶。

真正的爱并不是表现在嘴上，而应该是在行动中。只要爱是纯粹的，哪怕看上去有些蠢笨，也可以带给人神圣与聪慧。

与他人一起生活时，不要将自我独处时所领悟到的东西忘掉；独处之时，则要多去想一下与他人共处时产生的心理感受。

克制

人是可以将各种情欲征服的。哪怕有时一个人会觉得被情欲所左右，可这却并不表示他没办法征服情欲，这只是表明他在那一时刻没有征服情欲。

骑马者不会因为马无法立刻停止前进而扔掉缰绳，而是会逐渐收紧缰绳，马便会最终停住脚步。情欲也是这样，假如无法一下征服它，千万不要丢开"缰绳"，只要坚持抗争，最终你肯定会取得胜利。

用自己的理智对自我脾气进行掌控——这就是克制的本质所在。一位牧师说过："它不是道德，而是道德最强大的行为。"

约翰逊

要习惯于控制欲望、理想、奢靡以及悲愤。

相比在战场上不断征服他人的人，能够征服自我的人更能被称作强大的胜利者。打败所有人的人也不会强过能够打败自己的人。

在战场可以将敌人征服的，有时同样会被敌人所征服，而征服自己、把控自我的人则会是永远的成功者，所有人所有神都没办法让他由胜变败。

《法句经》

青年们，杜绝各种欲望（比如享受、奢靡等）的餍足吧。虽然不是非要如同禁欲主义一样去回绝一切欲望的餍足，但也要懂得回避向享受者的靠近。器官上的压抑，或者享受的克制，将会让你获得更丰满的人生。通过享受克制自己的方法来抑制自我觉醒，比起依靠享受对感受进行满足更有意义，因为器官方面的感知会在欲望得到餍足后消失。

康德

虽然人类的情欲在最开始只如同蜘蛛网，可后来却会变得如同牢固的麻绳。

在最初，情欲看上去好像一个陌生人，后来则像客人一般，到最后它就变成了真正的主人。

《塔木德》

一切放纵都是毁灭自我的开始，那是在自家屋下流过的一股不为人所见的流水，最终它会将地基冲毁。

布雷基

真正的强者是能战胜自我的人。

东方金言

克制是不可以一下达成的，但能够通过逐步向前得到完成。人生之目标不是为了去发展各类欲望，而是为了将它进行控制与清除。

时间对我们会是强大的辅助。

以善相待

三月三十日

善的本质不只是道德与愉悦，它还是一种比暴力更强大的武器。

对那些罪大恶极、虚伪的人，特别是危害我们、羞辱我们的人，我们依旧保持以善相待，这件事确实有些难。但以善对待他们，不管是他们还是我们自己都非常有必要。

当时彼得走上前，向耶稣问道："主啊，我的弟兄冒犯于我，我要对他宽恕几次呢？宽恕七次够了吗？"

耶稣说："我告诉你，不是宽恕七次，而是至第七十个七次。"

《马太福音》18：21~22

如果你确信自己对生活的认知是正确的，而且你也希望他人生活得好，那就要抓住所有的机会，心怀善念与忍耐去让他人理解并敬重你将要告诉他的事。

不过我们所做的却通常与它相反。对那些同意我们看法的人，我们真的可以与他温和讨论，但假如对方并不信任或者不理解我们所认知的正义，我们就会顷刻失去往日的理智，从而变得焦躁着急。我们生对方的气，讲一些不好听的话，或者觉得与这样固执的人进行交流完全没必要，应该保持沉默。

假如你想对他人讲明正义，让他有所理解，最应该注意的是不要着急，并注意不要讲出任何会伤害或者羞辱对方的话。

爱比克泰德

在你看到某个人的过错时，你要做的是给他指出来，将错误的地方告知于他。假如他并不接受你的劝解，你应该对自己进行检讨，不仅不能去怪罪别人，还要让自己更加宽容温和。

马可·奥勒留

在你与他人产生冲突时，在你发现他人对自己有所不满时，最好不要将它看成对方的错，你要去想这是因为自己付出的善还不充足。

忏悔

三月三十一日

忏悔是对自我不同时段过错与不足的认可，忏悔就是对自我内心所有罪恶成分的杜绝，以及心灵的净化，使灵魂朝着善做准备。

善良者如果对自我过错不进行承认，而且坚持自己的看法，那他马上就会变成非常坏的人。

《塔木德》

如果自我内心产生了罪恶，不要掩盖它，而是要从容地去承认。

最让人心灵放松的事莫过于对自我罪恶的承认，最让心灵感觉到沉重的则是时刻都想要证明自己是完全正确的认知。

《塔木德》

"对现在产生懊悔的事，未来则会格外注意"，只有具有这样的心态才能算得上真的懊悔。

善良之人会记下自己的过错，而将自己做过的善事忘记。坏人则与他刚好相反。

首先"严以律己"，就更能够"宽以待人"。

《塔木德》

趁着生命还健壮的时刻忏悔吧，忏悔是对自我灵魂的净化，是向着美善的生活前进。

趁着生命还没有将我们抛弃的时刻忏悔吧，我们要在灯火没有灭掉之前竭力进行！

《塔木德》

只要我们还是人，就可以一直记得自我在永恒的宇宙之中的暂时性，而且可以认知到自身应该达成但却并未达成的那种欠缺。